世界異界神話

篠田知和基

八坂書房

ギュスターヴ・モロー《ソドムの天使》1885年頃
パリ、ギュスターヴ・モロー美術館

［扉の図］
アルノルト・ベックリン
《死の島》第3ヴァージョン
1883年　ベルリン旧国立美術館

❖『世界異界神話』目次

はじめに

二〇一二年九月千葉で比較神話学シンポジウム「異界と常世」を中根千絵、丸山顕徳、小島瓔禮、目崎茂和、フィリップ・ヴァルテールらの参加を得て開催、同年十二月には第二部として「幽世の明暗」を上記の諸氏のほか、荻原真子、沖田瑞穂、松村一男、山田仁史、諏訪春雄、吉田敦彦、井本英一ほかを加えて開催、翌二〇一三年に『異界と常世』を楽瑯書院から刊行した。本書はそれをもとにして新たに稿を起こしてまとめたものである。楽瑯書院版には上記二回のシンポジウム参加者のほかに、鈴木正崇、勝俣隆、竹原新、坂井弘紀らの諸氏が加わった。

本書は上記の成果を参考にしながら篠田が単独で書きおろしたものである。ここにはこの三〇年の神話学研究のほか、五〇年来の幻想文学研究、そして六〇年来のネルヴァル研究の成果も取り入れてある。巻末の参考文献は今回直接参照したものに限り記し、今まで折りに触れ、ページをめくってきた数々の研究書の大半は割愛した。

ニコラ・ド・スタール《道》1954年

スタールの絵には冥界の誘惑がつきまとう。この道の果てはどこへゆくのか、どこでもない土地ではないのかという気がする。画家は死の想念に取り憑かれていて、最後は自ら命を絶った。

序論

クロード・モネ《睡蓮の池、緑の反映》1920-26 年
チューリッヒ、ビュールレ・コレクション

池の表にびっしりと睡蓮の咲く風景
は、ひとつの異界の風景であろう。

異界の神話

異界の神話とは言葉の矛盾ではないかと思われるかもしれない。神話とは神々の物語である。神々の世界は地上の人間界とは異なった「異界」であろうから、異界の神話とは神話世界の神話の謂いで、同語反復ではないかと思われるかもしれないのである。しかし「異界の神話」とはかならずしも同語反復ではない。神話は神々の物語であるといっても、人間界を隔絶した天上界の物語ではなく[01]、神々と人間たちとのあいだにつむがれるさまざまな葛藤を物語るのである。むしろ神々ならぬ人間が異界を訪れて、追い返されたりする物語である。あるいは神々が別世界を訪れる物語である。神々にもめったにゆくことのできない別世界がある。地上と神々の世界があり、そのほかに「別世界」があるのである。その別世界のできごとを物語るのが「異界の神話」である。

異界と他界

このようにいうと、別世界とは死の世界、すなわち、「他界」のことと思われるかもしれない。しかしここではあえて、「他界」と「異界」を区別する。「異界」とは「もう一つの世界」であり、他界すなわち死者の世界ではないとするのである。他界は冥界ともいう。また、他界を動詞として使えば死ぬことである。ほかに魔界という概念もあろう[02]。

他界は死後の世界であり、一度そこへ行けば二度と戻ってはこられないところで、戻ってくることがあるのは他界で受け入れられない死者で、これが浮かばれない霊、すなわち「幽霊」（ルブナン＝戻る人）である[03]。他界には入れなかったのでこの世に迷い出るのである。閻魔庁で、取り調べをうけて、この世へ戻されたものがあるが、これも「あの世」の手前までで帰ってきたので、本当の冥界へ行ったのではない。ギリシャでも地獄のタルタロスへ落とされたものは、原則として地上へは戻れないが[04]、冥界の王ハデスに謁見しただけのもの、冥界の番犬ケルベロスと争ったもの、冥界への渡し守カロンの舟でアケロン川を渡ったものは[05]、いずれも、そのあとタルタロスまでゆくとはかぎらず、

オーギュスト・ロダン《地獄の門》ロダン美術館

冥界の入り口で戻ってくるものもいるのである。冥府の深みに地獄がある。その入り口には、「ここを通るものはすべての望みを捨てよ」と書かれている（『神曲』）。

地獄の門をくぐったら生きて戻る希望はない。地獄は冥界・冥府にふくまれる。冥界は地獄だけではなく、死者の至福の園、エリュシオンをもふくんでいる。キリスト教では煉獄や辺獄も冥府にふくまれる。[8] ここでは煉獄や辺獄は

眠り姫の城とされるユッセの城。城は庶民にとって異界だった。（1856 年の銅版画）

わきにおいて、異界を取り上げる。異界とは「もう一つの世界」「別世界」である。冥界の入り口は異界である。ギリシャではアケロン川をカロンの渡しに乗って渡った先は異界としてのハデスの王国である。しかしそこにはミノスとラダマンチュスら、冥界の裁き手がいて、そこまでやってきた亡者を地獄タルタロスへ、あるいは楽園エリュシオンの野へ振り分ける。そしてそこまでは死者ならぬ生者も危険を冒す気ならいけるのである。[07]

　村境から異界がはじまる。しかし他界はもっと先である。祖霊が集まるところを山中他界ともいう。しかし、天狗や山人のすむ領域であれば、他界ではなく、異界である。距離と到達困難性からいえば竜宮は他界とみなされるが、他界を死者あるいは祖霊のすむところとすると、竜宮には死の影が希薄である。[08]ここでは竜宮も異界とする。アメリカインディアンの世界で、星の世界は往々にして死者の世界だが、同時に星娘、星婿などがいて、彼らが地上におりてくるところでもあって、その場合には異界である。死者の国であっても、多くの物語では、死んだ妻を訪ねにいったりするところで、この世とあの世の境界ではあるが、純粋な死者の世界ではない。死者もいるが、生きている人間も訪問者として受け入れられるところである。そこで試練をうけて本当の死者になる。そこは距離的にも、村境からほんの少し川をさかのぼったところだったりする。近い他界としての異界なのである。死者の国としても「もうひとつの死者の国」である。異界を考えるにはこの「もう一つの」という概念が重要である。

　ヨーロッパの妖精譚では、山中の洞穴で、牧童が妖精と夢のような生活をおくるが、見るなの禁止にそむいて追い出されると二度とそこへは戻れない。[09]この世へ戻ったときに馬からおりてはいけないとか、食べ物を口にしてはいけないといった禁止条項があり、それにそむくと、死んでしまう。あるいは妖精世界へ戻れない。

　ヨーロッパの代表的な異界である妖精世界は、おおむね川のむこうにある。竜宮なら海の底にあり、桃源郷は多くは山のなかにある。アラビアの寓話では空に浮かぶ空中都市であることもあろう。

異界は他界ではない。つまり死の世界ではない。そこで微妙なのが、ギリシャのハデスの館である。これを死者の国とするなら、異界ではないが、オルペウス、ヘラクレス、テセウスらのようにそこへ行ってもまた地上へ戻ってくることができる世界としては死の世界ではありえない。もちろんだれでもが行って戻ってこられるわけではない。が、ペルセポネなら、年の三分の二は地上で暮らすことができる。残りはハデスの館ですごすのである。実家と婚家のあいだをいったりきたりするようなものだ。メソポタミアのイシュタールも冥界の女王エレシュキガルにとらえられたが、身代わりを提供することによって解放される。

　ハデスの国とハデスの館は区別されなければならない。ハデスの国すべてが地獄ではない。地獄はタルタロスという。ここへ入れられるとそう簡単にはそこを抜け出せない。それにたいしてハデスの館は二度渡れないはずのアケロン川を渡った先ではあるが[10]、オルペウスやヘラクレスはそこから戻ってくるし、死者でも恵まれたものはエリュシオンの野にゆく。そこは常春の国である。亡者がタルタロスへ

魂の審判（アニの埋葬パピュルス「死者の書」　前1250年頃　大英博物館）

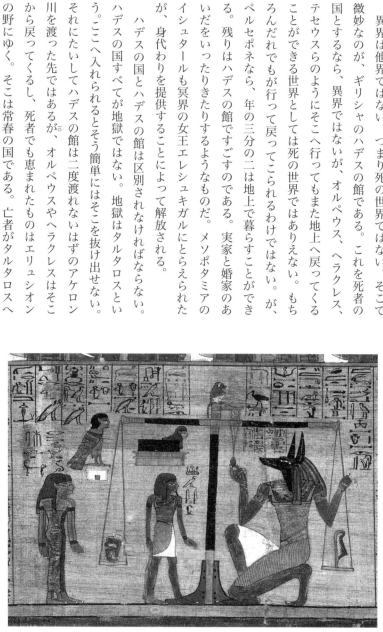

ゆくかエリュシオンへゆくかはラダマンチュスら冥界の裁判官たちの裁きによる。この裁きをおこなうのがハデスの館である。

死者の裁きはエジプトでもあって、トートが亡者の魂の重さをはかりにかける。羽一枚より重いと生前罪を重ねたせいとされ、その魂はワニ犬ソベックに食べられてしまう。羽根一枚より軽ければ、アム・ドゥアットという地下世界を経巡って、光のもとへまた出てゆくことができる。

日本の「根の国」あるいは「根の堅洲国《かたすくに》」[11]は、少なくともオオナムチにとってはいったきりになる死の世界ではなく、スサノオが寝ているすきに逃げ出せば逃げてこられるところである。ほかのものにとっても死者の国のようではあるが、ある種の条件を満たせば抜け出してこられるところである。それに根の国が死の国であるとは、どこにも明示されてはいないのである。またそれが地下にあるのか山の上にあるのかさえわからない。黄泉の国につづいているともみられるが、この両者は同一ではない。しかし近接はしている。死者は死ぬと黄泉の国におもむいて、殯《もがり》の期間をすごす。肉はくさりはて、蛆虫に食われる。しかし一定期間を経ると、肉は消滅して、白骨化する。この段階で、死者は浄化されたとみていい。そうやって浄化された死者が根の国へゆくのである。ここで死者は試練をうけ、精神的な浄化をうける。[12] 心身ともに浄化された存在となった死者は別人格となって地上へ送り返されたり、神となって常世へ送り出されたりする。日本以外の国でも死の国が浄化の世界であり、試練の階梯であるという観念が存在する。昔話の異界では主人公は過酷な試練をうける。根の国は異界である。「天人女房」の夫が行った天界も異界である。国際昔話話型三一三番の「悪魔の娘」の世界も異界である。死者の世界として日本のように黄泉の国と根の国と常世を分けていないところでも、つねに試練の観念があって、試練を経てうけいれられる本当の死者の国と、その入り口の世界とは区別されるし、腐臭を発する死肉の世界と浄化された白骨の世界とも区別される。

異界を他界と区別して、他界に接するところのようにいったが、異界はかならずしも死後の世界に隣接した地帯だけではない。それはこの世とは異なった「もうひとつの」世界である。夢の世界であってもいい。桃源郷、あるいは竜宮でもいい。が、そういったときはプラスのイメージが強い。他界ではないからそこへ行ったら二度と帰ってこられないところではない。ただし、この世への帰還は条件づけられていて、その条件を満たさないと、あるいは禁止条件を守らないと、この世に帰ってきたあとで、二度と異界へは戻れないし、この世でも生きてゆくことはできない。浦島は玉手箱をあけて死んでしまうのである。[13] 夢でもうまく目覚めればいいが、夢とうつつの境の出方をまちがえると、狂気の世界に迷い出ることになる。「現実世界への夢の流出」とネルヴァルはその状態を語っている。

異界論の「権威」と目される小松和彦氏に言わせれば「日常世界としての村落共同体を一歩外へ出れば、そこは他界である(『神々の精神史』)。ここでいう「他界」は本書での「異界」にあたる。

川村湊氏は『言霊と異界』で、大国主の治める幽冥界について、「この世界から隔絶したものではなく、むしろ、それはこの世界の内部の隠れた世界、あるいは影にある世界」であるという。

折口の「まれびと」論は祖霊の訪れについていわれていたが、小松和彦氏や広末保氏（『悪場所の発想』）はそれを遊行民、世捨て人において具体化した。盆に迎え火を焚いて迎える祖霊は見えない存在である。それにたいして、獅子舞やごぜ、門付の托鉢僧などは目に見える存在である。そしてなおそれは異界からの訪れ人である。ただしそれも見方によるので、なかでも乞食について小松氏が「聖なる存在として畏敬されていた」というのは、いかなる現実に即して言うことか疑問だろう。ふつうは乞食とは穢れたもの、あるいは悪疫をせおったもの、そして目をはなせば窃盗や人さらいをするものとして忌避され、恐れられていたのではないだろうか。小松氏のようにそれを「神や悪霊の化身」とみなすことは、通常の村では現実にはありえないことだったのではないだろうか。異界からの訪れであれば、設楽《したら》の花まつりの「鬼」は、たしかに異界の異類であり、畏敬の対象である。が、これが門付の乞食に身をやつすことはない。

異界とは他界とはちがって、そこから戻ってくることのできるところである。ただ、異界だからこの世とはちがう時間が流れていて、異界の三日は地上の三〇〇年に相当したりする。これは惑星の世界でも地球が太陽の周りを一年かけてまわるのに対し冥王星などでは何百年もかけてまわるのと同じである（二四八年）。これはどちらが時間が速く流れるのかわからない。異界で三日三晩過ごしたと思ったら、この世では三〇〇年経っていたというとき、三日のあいだに地上で三〇〇年が流れるなら、地上の時間のほうが速いことになる。が、異界で三日暮らしているあいだに地上で三〇〇年が経つというのを異界の感覚でいえば、異界のほうが時間が速く経つことになる。どちらが時間が速く経つのかわからない。妖精界だと不老不死である。死へむかって時を刻むということがない。速いも遅いもない。時が流れないのである。

異界はもうひとつの世界である。「夢はもうひとつの生である」（ネルヴァル）という[14]。これを「夢は第二の人生である」と訳することがあるが、第二の人生というと誤解が生じやすい。この世と並行している「もうひとつの生」である。そこにひたりつづけると、地上の論理や時間を忘れてしまう。狂気の世界である。夜だけで朝になれば目覚める世界なら夢の世界である。

異界というと妖怪がすんでいる世界とも思われる。しかし異界と妖怪の世界とは近いようで異なっている。妖怪はこの世にあらわれるが、異界はこの世とはへだてられた世界で、千引きの岩でへだてられたり、トヨタマヒメはその境の扉をしめて竜宮へ戻ったりする。往来はできなくはないが、難しい条件をクリアしなければならない。他界は一応、行ったら行ったきりである。

神々の世界

神話は神々の世界の物語である。神々は天界、あるいはオリュンポスに住んでいる。その神々が地上に降りてきて、人間たちと葛藤を演ずる場合もある。しかし神々はめったに地下の世界へは行かない。地下は死者の世界である。オリュンポスの神々もそこでは力をふるえない。神話は天上、地上、地下の三世界のうち上半分で経過する。地下へはオルペウスのように少しばかり足を踏み込むものもいるが、そのままそこにとどめられはしないかと恐れて、早々に逃げだす。それにそれは地下といってもいわゆる地獄ではなく、その入り口でしかない。地下の深層には二度と帰ってこれない地獄があるのである。神話世界では天上、地上、地下の三世界だけがあるのではなく、天上、地上と、地下の入り口があり、その下に地獄が場合によると七層、九層とつづいている。[15] そこを描いたのはダンテで、神話はそこまでいかなかった。天上というのもじつはギリシャではオリュンポスの山上で、その上のはるかな天の高みには神々はおもむかなかった。天の高みは神々のすまいではなかった。天空の神ウラノスは天の高みに駆逐され、地上の事象に介入できなくなるのである。ただし各国の神話によっては星界の消息を語るものもある。アメリカインディアンには星娘などの物語がある。ただこれも、地の上にかぶさる天蓋のような世界で、無限宇宙ではない。「天上」といっ

サンドロ・ボッティチェルリ《プリマヴェラ》1482 年　ウフィッツィ美術館
左端のヘルメスが西の空の異界をさし示している。

てもかぎられているのである。場合によるとそれは死者の世界であることもある。地上の人間がときにそこへはいりこんで死者の世界を覗き見るが、これも早々に逃げ帰ってくる。イザナギの場合も黄泉の国の入り口で、イザナミと話をしていたのであって、黄泉の扉のなかにははいらなかった。黄泉の国が他界であれば、彼はその玄関で待っていた。その間、扉のなかは覗いてはいけなかった。[16]他界と接しつつ、タブーによってさえぎられているところ、その他界の入り口こそ、ここでいう「異界」である。

　地上にも異界はある。地の果て、あるいは海彼《かいひ》、幽邃《ゆうすい》な奥山のきわみである。都があって、村がある。そのかなたに異界があった。他界はさらにそのむこうであり、そこは足を踏みこんだら二度と戻ってこれないところである。

　異界はこの世とあの世の境である。しかし、それは玄関口といった狭い範囲であるとばかりはかぎらない。アナザーワールドはこの世と並行して存在するパラレルワールドで、そことこの世とを往復するものもいた。夢の世界、あるいは狂人の世界であれば、そこにも山もあれば川もある。[17]天上でも山や川があるのは日本神話の高天原で、川のほとりでは水田をつくって農耕にはげんだりしている。日本では高天原の神々の世界とは別なものとして、常世を考える。高天原でも「別高天原」（佐藤正英）があり、天地

立山布橋
霊山立山へと向かう布橋は、下を流れる川を三途の川に見立て、この世とあの世の境界と考えられていた。俗世と聖域の境は往々にして橋である。

創造のときにあらわれて姿をかくしたアメノミナカヌシらが住んでいる世界があるのである。神話世界は天上、地上[18]、地下の三つだけではなく、そのもっと向こうに「別」な世界があるのである。日本では常世があり、黄泉の国があり、根の国がある。天も地下も二層・三層で、地上でも山上他界があったりする。鬼が棲む領域である。死者の国、鬼の国、創造神の国、それとは別に「天津神」というが、じっさいには特別な霊能もあるかどうかわからない神々が住んでいるところがあるのである。「天津神」には「別天津神」がいて、さらに「国津神」がいる。地上でも王権の届くところと、化外の地、蝦夷や異人の国があるのである。天上と地上と地下といった単純な三層世界ではない。それぞれにアナザーワールドがある。スサノオの「根の国」がいかなるものであるかは、そのような二重構造の三層世界のひとつと考えればわかりやすい。死の国だが、黄泉の国とは異なった「別の」死の国である。それがどのような「別の」国であるかは追い追いに見てゆく。

異界の時間

地上世界の二重構造では森や山や洞穴が異界を構成する。『黄金伝説』周辺の「修道士の三〇〇年の散歩」は修道院に隣接した森のなかで進行する。一羽の鳥の声に聞きほれていて、三〇〇年が経つのだ。「ジークブルクの修道院長エルフォ」では、修道院長は「考えに耽りながら、森のなかをぶらぶら歩いて高い木の下まできたとき、一羽の鳥が目についた。その鳥は何ともいえないほど美しく、神秘的に見えた」。森中の動物たちがその声に聞きほれているようである」。「エルフォも小鳥の歌声にじっと聞き入った」。歌声がやんだとき、修道院長は「森の奥まできてしまっているのに気づいた」。とくに魔法の森というわけではない。「ヘンゼルとグレーテル」の森のように魔女や人食い鬼の小屋がある森でもない。日常世界に隣接した、日々、散歩に出かける森である。そこに異界へさまよいでる迷路がひそんでいる。迷路が異界そのものであることもある。クレタの迷宮も異界だった。

そこには森の外とは違う時間が流れている。ほんの三〇分ほどだと思ったのが三〇〇年だった。

そのような森ではなくとも異界では日常世界とはちがう時間が流れている。地上的時間を地球が太陽の周りをまわる時間を一年としてそれを三六五で割ったものが一日で、それを二四で割ったものが一時間とするなら、別の惑星へいけば、たとえば水星では、星の公転は地球の何分の一かでしかない（八八日）。海王星であれば、地球の公転の百何十倍かの時間をかけて太陽の周りをまわっている（一六五年）。そこでの一年は地球の百数十年に相当するのである。[19]

ギルガメシュは地の底、海の底までおりて不老不死の草をもとめた。ルーマニアの昔話「不老不死の国」の主人公も不老不死をもとめて魔法の馬にまたがって旅立った。[20]途中、魔女が支配する国をいくつもとおってゆくと、「花が一面に咲き乱れている常春の野へとたどりついた」。しかし彼が近づくと森中の獣たちがさわぎだした。妖精がそれをなだめて彼になにが望みかとたずねる。「不老不死」と答えるとそれならここにありますと妖精は答えた。そして

カスパー・ダーヴィト・フリードリヒ《樫の森の中の修道院の廃虚》
1810 年　ベルリン、旧国立美術館

妖精の妹たちが彼を出迎え、王子はそのなかの一番若い妖精と結婚した。王子たちはそこで、なにひとつ不自由することもない生活をおくっていた。ただひとつ「なげきの谷」に足を踏み入れてはならなかった。王子はある日、禁にそむいて、そこへはいりこんだ。そこは望郷の谷だった。そこへいったものはもとの世界へ帰らなければならないのだった。そこまでつれていってくれた馬が帰りも乗せていってくれた。しかし、故郷は旅立ってから数百年が経っていた。宮殿もくずれ廃墟と化していた。ただひとり死神だけが彼を待っていた。異郷に滞在したものは、地上に戻れば死ななければならない。

本書では第一部で異界への旅を、第二部で「死」を、第三部で「亡霊」をとりあげる。いずれも、この序論で述べたことと矛盾するようにみえるかもしれないが、「死」といっても異界としての死であり、死そのものではなく、亡霊も異界からやってくる霊であって、死霊ではない。いずれも「異界」を形づくる概念である。

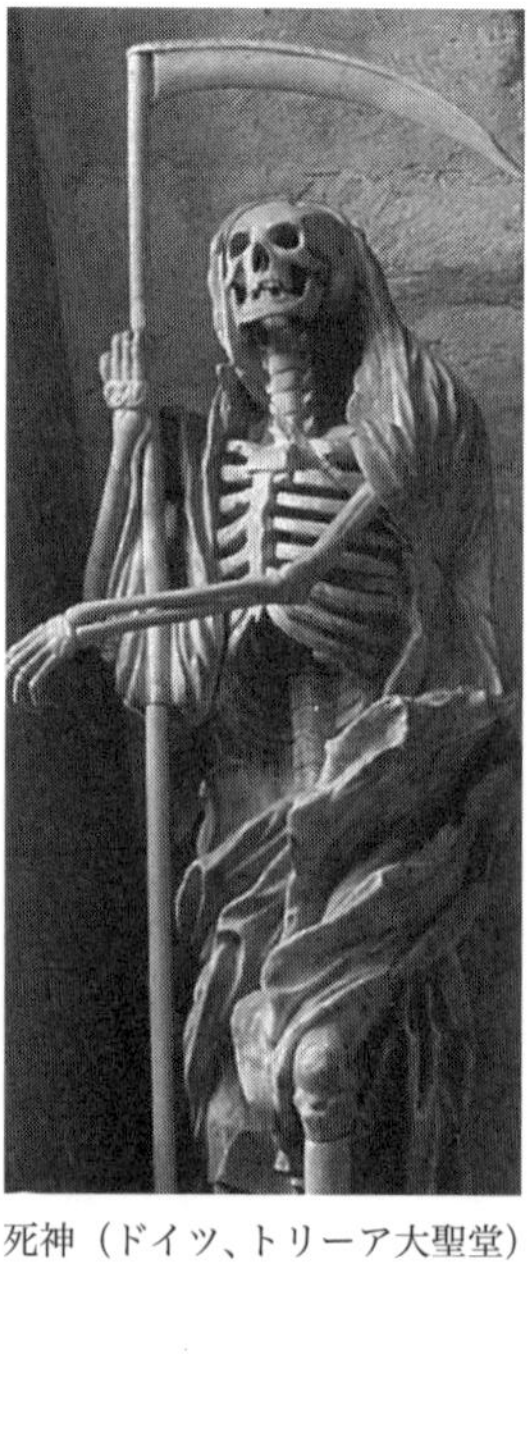
死神（ドイツ、トリーア大聖堂）

異界への旅はウサギ穴、ネズミ穴からの墜落のように瞬時におこなわれることもあれば、舟に乗る、砂漠を越える、空を飛ぶなど、さまざまな方法で地の果てまでゆく場合もある。夢の世界へはたいてい深い井戸に落ちこんでゆくような墜落の感覚を経て、広々とした野原にでる解放感をあじわうトンネルと花野のプロセスを経る。臨死体験でもそれはほぼ同じである。しかしもちろん、個人によって、風土によって、条件によって、その旅の様相はさまざまである。

まずは、異界の冒険者たちの物語を代表的なところから紹介しよう。

I　異界への旅

アルノルト・ベックリン《死の島》
1880 年　バーゼル市立美術館

夢の中で見た「死の島」に小舟に乗った亡者が近づいてゆく。島には墓地に必ず生えている糸杉がそびえている。葬礼の行列もなければ、亡者たちの喧騒もない。永遠の孤独と静けさが支配している。

一、英雄たちの物語

ヘラクレスの冒険

ギリシャではゼウス、ハデス、ポセイドンの三兄弟がそれぞれ天と冥界と海を分治した。そのなかではポセイドンの海神宮への訪問譚があってもいいところだが、日本の浦島や山幸の海神宮訪問に相当するような物語は知られていない。それにたいして、冥界を訪れたのはオルペウスであり、ヘラクレスである。いずれも冥界の入り口まで行って戻ってきた。ほかでは、伝令神のヘルメスやディオニュソスが冥界とオリュンポスを往復しているが、彼らには冥界へ自由に行ける特権があったようで、その他の神々はハデスの王国へ行って自由に戻ってくることはできなかったようである。そのなかではハデスの妃となったペルセポネは例外だったかもしれない。彼女がハデスに奪われたとき、母親のデーメーテールが嘆いて、ゼウスにとりなしを頼んだ。ゼウスは年の三分の二をペルセポネが地上で暮らすように、そして残りの三分の一はハデスのもとで暮らすように仲裁した[21]。そこでペルセポネは春になると地上へ戻ってきて、秋になるとまた地底へ戻るのである[22]。これは穀物などの植物のサイクルをあらわしている。

このペルセポネを例外とすると、神々であっても冥界へは自由に行き来することはできなかった。デーメーテールも娘に会いたくとも春になってペルセポネがやってくるのを待たなければならなかった。ましてや人間たちは冥界へおもむけば、つまりは死者の世界にとじこめられたのであり、生き返ることはできなかった。これをハデスのもとにおもむくと理解すれば、そこはまだ冥界の入り口でしかなかったとしても、人々の意識では、ハデス、イコール冥界だった。

つまりは、冥界といってもいろいろあって、地上で罪を犯したものはタルタロスへおとされた。これは冥界のなかでも一番深いところで、そこまで落ちてゆくには何日もかかるものとされていた。冥界にはこのほかに善人がゆくエリュシオンの野があり、これは地表に近いところと思われる。そして、その中間にハデスの館があって、ペルセポネもそこにいたのだが、ミノスとかラダマンチュスとかアイアコスという裁き手がいて、タルタロスかエリュシオンか、死者の行き先を彼らが決めるのだった。日本や中国だと死者は閻魔庁につれていかれて、生前の生きざまを調べられ、ときには地獄の捕吏の間違いだとして、地上へ送り返されるものもあったようだが、ギリシャではそのようなケースはなかったようである。しかしハデスの館そのものは地獄ではなかったようで、冥界ではあっても、死者の運命はまだ決まっていなかった。そこで、そこまでなら地上へ送り返されることも可能であったはずで、オルペウスやヘラクレスの場合がそうだった。

　ヘラクレスはゼウスの詭計によって、アンピトリオンの子としてその后アルクメネから生まれたが[23]、実際はゼウスの子だった。それを知ったゼウスの妃ヘーラーのたくらみによって、同日にほんの少し早く生まれたエウリュステウスという、ゼウスの種をうけた、英雄ペルセウスの孫の奴隷となる定めを与えられて生まれたのである。ゼウスが神々の前で、その日生まれる自分の血筋の男子が、全アルゴスの支配者となると告げたところが、その日生まれたのはエウリュステウスのほうがヘラクレスより早かったのである。もちろんこれはヘーラーの差し金である。

　その結果、ヘラクレスはエウリュステウスの奴隷となって、エウリュステウスの命ずる難行を遂行しなければならなくなった。これが有名な「ヘラクレスの十二功業」で、「功業」といっても、牛小屋の掃除のような汚れ役も含まれて

冥界のハデスとペルセポネ
（前5世紀　イタリア、国立
マグナ・グラエキア博物館）

いた。その十二の功業の最後から二つめで、冥界の犬ケルベロスをつれてくることというものがあって、これも異界のひとつへスペリデスの園の黄金のリンゴを取ってくる話の前におかれている。[24] この順番については異説もあるようである。が、いずれにせよ、黄金のリンゴの実る園は異界である。[25] 美と歓楽の異界であろう。[26]

ヘラクレスはまずエレウシスの秘教にイニシエーションを経て加入し、冥界へゆく資格を獲得したという。ヘラクレスはそののち、タイナロンという地へ行って、そこに口をあけている洞穴から冥界にくだった。冥界はアケロン川でこの世とへだてられており、カロンの渡し舟に乗って渡らなければならないが、生きているものはこの舟に乗る資格はない。そこで、カロンとヘラクレスは、舟の上で格闘をしたのだろうと、ケレーニは考えている。オルペウスは得意の竪琴をひいて歌を歌って、カロンの心を動かしたのだが、それぞれに得手不得手があるようで、ヘラクレスは腕力にものをいわせたのだろう。そこでハデスの宮へついたが、そこへ行ってみると入り口にテセウスとペイリトオスが椅子にしばりつけられて動けないでいた。[27] ヘラクレスはその二人のうちテセウスだけ助け出してやったという。ペイリトオスのほうは、なんとしても椅子からはがれなかったからだともいう。そしていよいよ猛犬ケルベロスの捕獲にこぎつけたが、これは頭が三つある猛獣で、これに鎖をつけて引っぱってゆくのは、北欧のフェンリル狼の捕

猛犬ケルベロスを捕獲するヘラクレス。ケルベロスにからまる蛇は冥府をあらわす。
（古代ギリシャの壺絵　ルーヴル美術館）

縛以上に困難だったと思われる。しかしそこは無敵のヘラクレスである。どうにかケルベロスに鎖をつけて、エウリュステウスのところへ引いていったが、王は恐れて壺のなかに入ってふるえていたという。

オルペウスとエウリュディケ

楽匠オルペウスはニンフのエウリュディケと結ばれて幸せな日々をおくっていた。ところが悲劇がその幸せな日々を中断させた。エウリュディケが野原で花をつんでいたとき、ひそんでいた蛇が彼女のくるぶしを咬んだのである。あっという間もなかった。ニンフは青ざめて倒れ、二度と立ちあがらなかった。オルペウスはハデスのもとへ行って、妻を返してくれるように頼んでみようとした。手には竪琴をたずさえ、カロンのはしけには先述のように竪琴をかなでながらまんまと乗りこんだ。ハデスの館の前にはケルベロスが番をしていて、そこへ入る資格のないものを通すまいとしていたが、ここでもオルペウスは竪琴をひいて、ケルベロスの心をやわらげた。もともと野原で彼が竪琴をひ

死者の魂を舟に乗せ川を渡すカロン。右端に見える炎は地獄の火である。
（ヨアヒム・パティニール画　1520-24 年　プラド美術館）

くと動物たちが集まってきて、耳をかたむけるのだった。ケルベロスも例外ではなかった。そのあとはハデスとペルセポネに直談判をして、何のとがもないエウリュディケを返してくれるように頼んだ。たしかに彼女には罪はなかった。したがって、地獄のタルタロスには行っていなかった。エリュシオンの野にいたか、あるいはまだ未決囚としてハデスの館にいたかであろう。オルペウスの嘆願にハデスは冷淡だったが、ペルセポネは心を動かされ、エウリュディケを連れ戻してもいいことになった。ただし、条件がある。地上へ出るまでにうしろを振り返って見てはいけない[28]。オルペウスはしかし、地上へ出る最後のところで、妻がついてきているかどうか心配になって振り返ってしまった。冥界のおきては厳格である。約束にそむいたオルペウスは泣く泣く一人でこの世に戻らなければならなかった[29]。エウリュディケはハデスのもとへ引き立てられていった。

テセウスの冒険

ギリシャの英雄テセウスはクレタ島の迷宮にはいってミ

冥界からエウリュディケを連れ出すオルペウス。木々のあいだに亡霊たちの姿が見える。
（ジャン＝バティスト・カミーユ・コロー画　1861 年　ヒューストン美術館）

ノタウロスを退治した勲《いさお》しで有名だが、彼にはもう少しかんばしくない冒険も記憶される。クレタ島でもその冒険は王女アリアドネの助力で成就したのだが、結婚してアテナイへ連れてゆくという約束を反故にしてナクソス島においてけぼりにするのである。そのまえには天下の美女ヘレネをさらって同棲していたこともある。その後ではアリアドネの姉妹のパイドラを妻にしてほったらかしておいたが、パイドラはその間に義理の息子ヒッポリュトスを誘惑し、彼にしりぞけられると偽りの手紙を残して首をつって死んだ。テセウスはその手紙を信じて、ヒッポリュトスが義母を誘惑したものと思って、彼を死に追いやった。これらの話と前後するが、彼にはいろいろ悪事をともにする悪友ペイリトオスがいて、この男と一緒にアンティオペを誘拐したりしている。[30] その悪友が冥府の女王ペルセポネを誘惑しようとしたときもテセウスは彼に同行し、タイナロン洞窟から冥界におりていった。彼らを謁見したハデスはまずその椅子に座ってくれといって、ふたりを忘却の椅子に座らせた。これはいったんそこに座ると二度と立ち上がれない椅子だった。[31] ふたりはそこで、ヘラクレスがくるまでとらわれの身となったのである。[32]

テセウスにクレタの迷宮へ入るための糸玉を授けるアリアドネ
（ヨハン・ハインリヒ・ティシュバイン画　1779年）

メソポタミアの神話

メソポタミアではイナンナ（イシュタール）の地獄下りとギルガメシュの不死の草の探索が異界での冒険に相当する。イナンナがなぜ地底へ下ったかははっきりしていないが、ギルガメシュの場合は明らかである。彼は友のエンキドゥを死から取り戻そうとして不死をもとめたのである。彼が出会ったウトナピシュテムが住んでいた地帯がどこに相当するかは不明だが、大洪水をのがれた唯一の人物で洪水後の世界にいたのである。ギルガメシュは彼に不死の薬をもとめた。彼は、水の底に不死の草が生えているという。ギルガメシュは足に石を結わえ付けて、水中にもぐり、不死の草を取ってくる。ただ、途中で沐浴をしているあいだに、蛇にその不死の草を奪われてしまう。インドでも不死の薬は蛇族のナーガに奪われそうになる。[33] どちらにも共通している沐浴のモチーフは、イザナギのみそぎと同じ死の国の汚れを洗い清めるためであったかもしれない。ギルガメシュが取ってきた不死の草は水の底に生えていた。この水は死の世界とこの世とをへだてる死の川の水であったかもしれない。そうであればギルガメシュは死の世界の入り口まで行って不死の草を取ってきたのである。彼が訪れたのが死の世界そのものであれば、彼はそこでエンキドゥに再会したはずである。そうでなかったのは、そこが、まだ死の国ではなく、その入り口でしかなかったからだろう。

ライオンを捕獲したギルガメシュ
（前 8 世紀　ルーヴル美術館）

イシュタールは姉のエレシュキガルがおさめる冥界へ七つの門をくぐって訪ねていったが、毎年死ぬ恋人のタンムーズ（ドゥムジ）の宿命をなんとか変えようとしてのことだったと思われる。しかしエレシュキガルは彼女を冥界にとどめて地上へ返さない。イシュタールはタンムーズ（ドゥムジ）を身代わりに呼び寄せて、ひとり地上へ脱出する。脱出できたということは、イシュタールは死んではいなかったということであり、そこが冥界ではあっても、死の劫罰が待っている死者の国ではなかったということだろう。もっとも彼女は三日間死んでいたともいわれる。タンムーズ（ドゥムジ）が冥界の女王エレシュキガルの病を

イシュタール（もしくはエレシュキガル）
（前 18 世紀　大英博物館）

治して、その見返りとしてイシュタールの死体をもらい受け、生命の水を振りかけて蘇生させたともいうのである。

北欧神話のヘル

北欧にはだれでも知っている世界樹ユグドラシルが生えている。その根っこのあたりが死者たちの領域ヘルである。[34] 死者でも戦場で死んだ戦士はユグドラシルの上のほうのヴァルハラに迎えられる。ここは美食と娯楽に欠けることのない悦楽境である。ここで食卓に供される豚は翌日にはもとどおりになって走りまわる。飲み物はヴァルハラの屋根の上にいるヤギの乳房から流れる蜜酒である。世界の終末の戦争ラグナロクのときは、このヴァルハラの住人たちが出てきて、ヘルの住人たちと戦う。つまりヴァルハラというのは戦場で死んだ戦士を迎え入れて、蘇生させる場所なのである。事実、ここでは、戦士たちが、毎日二手に別れて戦い合うが、倒れたものは翌日になれば生き返ってまた戦い合うのである。

ヘルのほうはそうはいかず、ふつうに死んだものが落とされる死の領域だが、ラグナロクにみるように、最後の戦いではヘルの住人たちがみなそろって立ち上がって神々に戦いを挑む。また、善神バルデルが死んだとき、ヘルは、世界中のものが涙を流すなら、バルデルを蘇生させようという。これはロキの悪だくみで失敗するのだが、条件が合えば、死者も地上へ戻されるのである。ロキはヘルへ自由に往来したようである。そもそもヘルの女王で同名のヘルは彼の娘なのである。それでも最後には神々に捕縛されて、ヘルの大岩にしばりつけられ、毒蛇のたらす毒液をたえずかけられて苦しまなければならなかった。ロキの女房がそのかたわらにいて、毒液を盃にうけて彼の苦しみをなんとかやわらげようとしていた。しかし、盃がいっぱいになると毒液を捨てにいかなければならず、その間はロキの頭上に毒がしたたりおちる。その苦しみにロキが身もだえするとそれが地上では地震になる。ここで疑問なのは、ロキの女房が盃にたまった毒をどこかへ捨てにゆくということで、なぜ、その場で地面に投げ捨てないのかということである。それより、この女はあきらかに生きていて、ヘルのなかでも死の世界の影響を受けていないようにみられる。

ユグドラシルから派生した別の世界に巨人たちの国のひとつウトガルドがある。ある時トールとロキは巨人たちと力比べにでかけた。二人はヤギの引く車に乗ってでかけた。

宇宙樹ユグドラシル
（『スノッリのエッダ』英訳本の挿絵　1847 年）

兄バルドルを取り戻しにヘルへやってきた
弟のヘルモーズを迎えるバルドルとヘル
（18 世紀のアイスランドの写本）

罰を受けるロキ
（モーテン・エスキル・ウインゲ画　1863 年
スウェーデン国立美術館）

ヤギ車は途中、宿を借りた農家にあずけて舟に乗ってウトガルドに向かった。途中、巨人のひとりに出会って、一緒に旅をした。トールはこの巨人を厄介払いしようとして、寝ているあいだに彼のハンマー・ミョルニルを投げつけるが、巨人は蚊が刺したほどにも感じない。いよいよ巨人の館につくと、酒の飲み比べや、かけっこや、相撲をするが、どの競争でもトールたちは巨人に歯がたたない。結局、アスガルドの神々はウトガルドの巨人たちに翻弄されて、赤恥をかいて退散する。彼らにとってそれは散々な異界体験だった。

日本神話の異界

日本神話ではまず山幸が訪れた海神の宮がある。メナシカツマという竹かごに乗って沈んでゆくのなら海底の竜宮であろうが、浦島譚のテクストによっては舟でこいでゆくところで、蓬莱と書いて「とこよ」と読ませている。[35] どちらにしても金銀サンゴの綺羅をきわめた宮殿で、山幸はひたすら歓待される。[36] そしてトヨタマヒメを娶る。竜宮は高麗の始祖の作帝建も訪れ、竜女をもらってくる。わが国では俵藤太も竜宮へ招かれて、無尽蔵の米俵などの宝物をもらってくる。ただし、俵藤太の訪れた竜宮は、作帝建の場合も同じだったが、平穏無事なところではなく、怪物に襲われて戦々恐々としているところで、俵藤太や作帝建がその怪物を退治して感謝されるのである。ということは、そのような怪物の脅威が一度ではなく、何度も繰り返さるものであったかとも思われる。異界で歓迎されているが、そのうち敵国が攻めてくるというシナリオはヨーロッパの物語でもたびたび聞くところである。[37] ただし、俵藤太にしろ、作帝建にしろ、竜宮へ行ったのは一度限りで、二度と訪れてはいない。それは山幸でも同じで、トヨタマヒメが出産の場を覗かないでくれといっているのに覗いてしまって、その結果、トヨタマヒメは海坂《うなさか》の境をとざして竜宮へ帰ってしまう。二度と往来はしないのである。山幸もイザナギのように妻のあとを追ってゆくということはできなかった。ただ、竜宮からはトヨタマヒメの妹の玉依姫が甥のウガヤフキアエズを養育するために派遣されてくる。もっともそれも一度きりで、彼女がおりおり竜宮へ帰っていたという情報はない。これは作帝建の后の場合との違いである。この朝鮮の竜女は宮廷の隅の井戸から、定期的に竜宮へかよっていたのである。ビルマのクン・アイ神話だと、湖のほとりで出会って恋に落ちた竜女と牧童は、竜宮で夢のような生活をしていたのち、周りが竜ばかりであるのを知って怖気をふるった牧童が地上へ戻りたいと言ったときにその関係は終わりを告げ、牧童は地上へ帰り、竜女は子を産みに湖岸に一度だけ戻ってきて卵を産んでいったあとは、

蓬莱を訪れる浦島
(『万物雛形画譜』明治 13-15 年
国立国会図書館)

山幸が桂の木にのぼっているとトヨタマヒメの侍女たちが水を汲みにくる。

（青木繁画　1907 年
石橋財団アーティゾン美術館）

交渉はとだえるのである。ただ、その卵から生まれた子供がのちに王位を巡って争ったときに湖のほとりにやってきて、母竜に助力を求めはしたが、これも一回かぎりだろう。竜の国は異界であって、人間が何度も往復するところではないのである。

　日本神話で、死の国に接している異界は根の国、あるいは根の堅洲国である。ひとによってはこれを黄泉の国の別名とすることもあるが、その説はとれない。テクストを読んでわかるとおり、この両者は別である。スサノオが妣の国に行きたいといって根の国に行ったので、根の国とはイザナミがいる黄泉の国のことだろうというのだが、黄泉と根の国ははっきり異なった別の国である。これについては前著『世界風土神話』でも強調したが、黄泉の国は死者が清められる殯《もがり》の場であり、そこを訪れたイザナキが、汚い国だといって、禊《みそぎ》をおこなうようなところだが、根の国を訪れた大国主は、そのようなことをしていない。禊の必要はなかった。根の国は黄泉の国で浄化された死者がおもむくところである。その意味では根の国と黄泉の国はつづいているといってもよく、同じ神に支配されている可能性もあるが、根の国は清められた死者たちの国である。[38]

しかしだからといって、そこが楽しいところだというわけではない。山幸が竜宮で歓待されたような様子は大国主が訪れた根の国ではみられない。歓待のかわりに蛇の室、蜂の室などにいれられて厳しい試練を課される。根の国は試練の場なのだ。

そこへいったスサノオでもオオナムチでも、けっして喜んでいったわけではない。スサノオはなにしろ神々、あるいはイザナギに追い払われて、根の国に追いやられたのである。オオナムチも兄弟の八十神に殺されては蘇生してまた殺され[39]、今度殺されたらもう生き返らせることはできないだろうとまで思われて、スサノオの子といわれる木の神・大屋彦の助けをかりて根の国にゆくのである。けっして楽しい物見遊山ではない。これは山幸の場合も同じだったかもしれない。彼も兄の海幸に釣針を返すよう強要されて泣く泣く竜宮へ行ったのである。

日本神話の異界行は寂しく、暗いものだった。スサノオは道々休むこともできず、雨が降っても草をたばねて雨をしのいで道を急ぎ、どうしようもないときは、国つ神の家の扉をたたいて、一夜のやどりを乞いもしたが、どこでも

キサカイヒメとウムカイヒメが
オオナムチを乳汁で蘇生させる。
（青木繁画　1905 年　石橋財団アーティゾン美術館）

竜宮へ行った山幸（彦火火出見命）
（『万物雛形画譜』明治 13-15 年
国立国会図書館）

貧乏神のように嫌われ、追い返されていたのである。そして根の国にたどりついてもその生活は決して楽しいものではなかったろう。そこへやってきたオオナムチのもてなしをみてもそれはわかる。竜宮の山幸のように山海の珍味で饗応された様子はまるでないのである。これはかならずしもスサノオがオオナムチに敵意をもっていて、饗応をしなかったのではなく、普段からスサノオも貧しい食べ物しか食べていないのである。海の幸はなかったろう。果物も生っていたようすはない[注]。根の国で出会った動物はネズミだけだった。スサノオが鏑矢《かぶらや》を放ったのはなんのためだったかわからないが、狩猟であったなら、そこには鹿くらいいたかもしれないが、矢はむなしく飛んでいって、出てきたのはネズミだけだった。もしかするとネズミがスサノオの狩りのふだんの獲物だったのかもしれない。根の国はネズミの国で、それが唯一の動物性食品だったかもしれない。めずらしい客人をもてなそうにもネズミしか供するものがなかったとすれば、そこでの滞在が楽しいものでなかったのも当然だろうが、その貧しさはスサノオがまず耐えている貧しさだった[注]。そこには食膳をそろえる女性の姿もなかった。唯一の女性は娘のスセリ姫だけである。オオナムチはそのスセリ姫とともに根の国を逃げだした[注]。あとにはスサノオだけが残った。ただ一人の娘にも去られて本当のたったひとりだった。ヤマトタケルが東の夷の国を征伐に行ったときも寂しい旅だった。西へ行け、出雲へ行け、そして東国へ行けと休む間もなく、西へ東へと出征を命じられる。死ねばいいと思っているのではないかと嘆くのである。死を覚悟しての旅だった。だからこそ叔母のヤマトヒメのところへ行っていとまごいをした。これはスサノオが根の国へゆくにあたって姉のアマテラスにいとまごいをしに高天原へ行ったのと同じである[43]。いずれも孤独で、肉親にもひとにも理解されない英雄が死を覚悟して唯一の肉親に会いにゆくのである。スサノオが行った根の国も広くいえば死の国だった。そこへ追いやられたということは、死んで行ったということと同じである。死んでいなくとも死んだも同然だったのである。だからこそ、オオナムチとスセリ姫が逃げるのをスサノオが追ってきても黄泉平坂《よもつひらさか》でそれ以上は追ってこられなかった。死と生の分け目がそこにあるのである。ちなみに根の国から葦原中つ国に戻るときにも黄泉の国からイザナキが逃げ帰ってきたときと同じ黄泉平坂をとおっていることから、黄泉の国と根の国を同一視する議論が出るのだが、出口が同じだといっても入り口はちがっているし、出口でたまたま同じ合流点に出ただけだろう。異界とこの世は黄泉平坂でつながっている。そこをとおるとその先は根の国と黄泉の国とに別れている。もっとも黄泉平坂は出口であって入り口ではないかもしれない。オオナムチの場合は木の国の大屋彦のところから根の国へ行っている。イザナギの場合もイザナミをほうむった墓所から黄泉の国へはいっていったのだろう。入り口と出口はちがうのである。入り口としてはイザナミを比婆の山にほうむったとあり、イザナキは黄泉平坂から出てきた。出口入り口だけではなく、墓所と死者のすまいとも違うのである。日本には両墓制というものもあって、葬り墓と詣り墓は別である。あるいは沖縄のように岸近くの青の島にまず死者をおいてきて、一定期間後により先の島に本葬するという習俗もあった[44]。イザナミの墓としては熊野の花の岩屋も墓であるという。根の国が熊野にあるという解釈もあり、花の岩屋で祀っていたイザナミは黄泉の国でイザナキが見かけた腐りただれた姿ではなかったと思われる。そしてこのあと、イザナミが祖霊となった場合には、常世に住んでいたはずで、それは黄泉の国でもなければ、根の国でもなかった。出口入り口が違う以上にこの大母神のすまいもいたるところにあったのである。いたるところにいるというのが冥界の大母神の特性なのである。

中国の浦島

『世界神話伝説大系11』中国・台湾編に「唐様浦島」として異界を訪れて、十数年から二〜三〇〇年を経て戻ってきたものたちの話が、『述異記』や『博異記』『列仙伝』などから引いてある。その一は山で迷った木こりの話であり、その二はやはり山で迷った薬草とりの話である。仙境で、美味佳肴のもてなしをうけたが、家へ帰りたくなる。すると、「浮世の罪障が尽きていないから無理もない」といわれて、帰り道を教わる。家はなくなっていて、出発してから七代が経っていた。その三は山のなかで、仙人たちが碁をうつのを見ているうちに斧の柄がくさっていたという有名な話だ。その四は、市場で薬を売る不思議な老人が壺のなかにはいりこむのを見た男が老人にさそわれるままに同じ壺のなかにはいりこんだ話で、壺の中には大きな館があった。そこで老人は男に仙人になるための試練を課した。頭上に大きな岩がつるしてあり、いまにも男の頭上に落ちてきそうにみえたりする。それらの試練に平然とたえていると、それではこれを食ってみろといわれて糞を出される。ためらっていると、「もう少しで、仙人になるところだったが、だめだった。これに乗って家へ帰ったらよかろう」といって竹の棒をよこす。それにまたがると家についた。家はまだあった。留守にしていたのは一〇年あまりである。その五は船に乗って、嵐に遭い、知らない島にたどりついた男の話で、そこの住人たちが丈夫な船をつくってくれて、それで帰国した。この時は二〇〇年が経っていた。その六は、畑を荒らしている猪を射って血のあとをたどって穴のなかにはいりこんだ話。そこには隠れ里があった。男はそこに一二年いた。その七は井戸を掘っているうちに別世界に出た話。そこは「下界の仙人国」だった。番人があちこち見物させてくれたが、しばらくするともういいだろうといって、帰してくれた。気がつくとある山の頂の洞穴にいた。このときは三、四代のちの時代になっていた。

二、辺境の異界

このあとは文化的な中心から離れた僻地の伝承から異界観をみてゆく。シベリアにしろ、オセアニアにしろ、アマゾニアにしろ、そこはすでに異界なのだが、その先にも別世界はあるのである。というよりそこはすでに境界のあいまいなところで、日常世界のすぐとなりに異界がつづいているのかもしれない。

ロシアの森

ロシアの森には森の主レーシーがいる。森の動物たちを支配している。変幻自在の精霊で人を迷わせ、人をさらってゆく。彼には風の又三郎のような性格もあり、木々の間を疾風となって荒れ狂う。猟師や牛飼い、羊飼いはレーシーと関わることが多い。牛や馬がいなくなってしまうこともある。もちろんロシアの森にはバーバ・ヤガーもいる。魔

イワン・クラムスコイ《ルサールカたち》1871年　モスクワ、国立トレチャコフ美術館

法に通じた妖婆である。森の中の湖にはルサールカもいる。これは美しい妖精だが、水の悪霊ではヴォジャノイがいる。ロシアの異界としての森にはこのような魑魅魍魎がうごめいている。

　ロシアではまた、家付きの霊ドモヴォイがいるが、これは屋根裏や床下の目につかないところにすんでいる。ペチカの裏にいるともいうが、「地下室と屋根裏は、いわば家の中の異界である」（栗原成郎『ロシア異界幻想』）。住居のなかで、人間の居住部分と切り離して二つの「異界」が霊たちのすまいとして選ばれるのはロシアだけではない。イギリスでは「屋根裏の狂女」という観念があった。また床下、あるいは地下室に「床下の小人」といった家付きの霊がすんでいる。これは人間の精神構造のメタファーともみなされる。人間精神には床下に相当する無意識があり、また狂人が閉じこめられている意識の暗い隅がある。[45] そのほかに居間、食堂、寝室、客間があって、それぞれの人間行動に即した場所となっている。

家につく精霊ドモヴォイ
（イヴァン・ビリビン画　1934 年）

アガーピーの旅

前掲の栗原成郎『ロシア異界幻想』に、修道院長アガーピーの楽園への旅が紹介されている。アガーピーはあるとき神の声を聞いた。声は言った。「汝の願いは聞き届けられた。一羽の鷲が汝をみちびくだろう」。アガーピーが修道院を出ると、たしかに一羽の鷲がおりてきた。その鷲のあとをついてゆくと海辺へ出た。そこへ、一人の少年と一二人の男が乗った舟がやってきた。アガーピーは舟に乗りこむと眠りにおちた。その間に舟は対岸につき、アガーピーをおろして、去っていった。目覚めたアガーピーがそこはどこだろうと道端に座っていると、むこうから、一二人の人を従えたイエス・キリストがやってきた。そして、そこまでみちびいたのは自分であり、そこは楽園であると言った。しかしアガーピーにはまだするべきことがある。その道をどこまでも行け、すると高い壁がある。その壁の窓をたたけば、壁の向こうへとおしてくれる。壁の向こうには明るい光があふれていた。そこで預言者エリアにあった。エリアは彼に再び海辺へ出る道を示した。そこで船に乗ってついたところでおりると、一人の女が死んだ息子をよみがえらせてくれと頼んだ。子供を生き返らせたあと、彼はまた道をすすんだ。そしてついに高い壁と小さな扉を巡らせた庵についた。彼はそこで、自分の物語を書き記して生涯を終えた。

彼はいったん楽園にたどりついたものの、そこを去って庵にこもったのである。

ウラル諸族の異界

ウラル諸族には、『無文字社会の神話』によれば、冥界とはことなった地下異界の観念がある。そこに住んでいるのは死者だけではなく、巨人たちや精霊も住んでいる。地下世界への入り口は、北氷洋にそそぐ川の河口に設定される。川をくだってゆくと、河口に出て、河水が遡流するところに出る。その水は地下界を貫流してきた水である。地下には月が出ていることがあるが、出ていなければ真っ暗である。月に言及されるのは、この世界の月の重要性を物語る。

パンジャブの竜宮

パンジャブの昔話に「ワニとお百姓の娘」という話がある。水の王のワニがお百姓の娘を嫁にもらう。父親が川べりにいって、棒を投げると水がわかれて、竜宮へゆく道がひらける。美しい花や灌木が植わった道の両側には大理石やダイヤモンドでつくった壮麗な家々が建ち並ぶ。そこにいる人々は魚の尾をしている。やがて宮殿につくと、黄金づくめの衣装をきた娘が出迎える。かぶっている王冠は魚の形をしている。まさに海底の竜宮である。娘と婿、すなわち水の王は、お百姓におばあさんと一緒にそこへやってきて住むようにすすめる。ここはもちろん、その気になれば地上へいつでも戻れる世界である。川の底の豊穣の国だが、人々が魚の尾をしている以外は水底の感じはしない。おそらく嵐も雪もしらない常春の国だろう。死の国ではない[46]。ワニは地上にあらわれるときの姿で、水底では人間の姿をしている。彼の仕事は水界の秩序の維持で、魚たちの安寧を保証するものだろう。

(『世界の民話 19』)

ミクロネシアの異界

ミクロネシアの民話に「海底の花嫁」という話がある。漁師が海岸で美しい女をみかける。あとをつけてとらえて結婚する。子供ができ、十六になったとき、女はホームシックにかかる。一家そろって里帰りする。女は足の裏に特殊な草の葉の汁をつけて、波の上を歩く。やがてサンゴ礁の外の深いところへ出ると、呪文をとなえて、三人で海底へ沈み、「彼女の島に到着した」。海底にも島があり、海岸があるのだ。そこの生活は地上の島と同じようで、とくに贅沢でも豪華でもない。遠い海域の島というだけのようで、ただ観念としては海底にあることになっている。女の家族は女を引きとめ、男と息子は、地上へ帰る。

(『アジアの民話 6』)

異界としての島

フィジーに「どのようにしてリブカの人たちが風上のほうへ行ったか」という昔話がある。リブカの人たちはいまはラケンバに住んでいるが、前はバウに住んでいた。ところがあるとき、バウの人たちといさかいをおこして、島を追い出されることになった。いっぽう、ラケンバでは、王女が王のいいつけにそむいてささいな失策をして、叱責をうけ、海岸へ出て、ヤシの実を結んでいかだにして、その上に乗って海に流れ出ていた。王女は大きな島につかまって、とある島についた。そこにはちょうど、バウを追われたリブカの人々がたどりついていた。リブカの人々は美しい王女を神としてあがめ、その導きで島々を巡って、ラケンバにたどりついた。彼らの島めぐりの漂流はオデュッセウスの漂流にも相当する。『オデュッセイア』では、魔女キルケの島や、ナウシカエの島などを一〇年のあいだ経巡っていた。海の向こうの島は異界である。オセアニアでも、人が死ぬと、沖の島に遺体をもっていって放置し、しかるべき期間がすぎるとその遺体をさがしにいって、海のかなたの死者の島に改葬するという風習がある。沖縄でもそれに近い観念があり、青の島という地先の島と、遠い水平線のかなたの死者の島があって、青の島に風葬し、やがて、遠い死者の島に死者の身体は運ばれてゆくものとみな

ポール・ゴーギャン
《われわれはどこから来たのか、われわれは何者か、われわれはどこへ行くのか》
1897-98 年　ボストン美術館

ティレシアスはオデュッセウスに未来を預言する
（ヨハン・ハインリヒ・フュースリー画
1780-85年　ウィーン、アルベルティーナ）

されていた。この場合運ばれてゆくのは、身体というより、魂というべきだろうか。

オデュッセウスの島めぐりにも死者の国があった。オデュッセウスはオーケアノスの涯まで舟をすすめ、そこの海岸でハデスとペルセポネに犠牲をささげて、死者たち、とりわけ預言者ティレシアスの霊に会って、その先の冒険について情報をえた。そこは死者の島と描写されてはいないが、オーケアノスの涯だから、海のかなたであり、人の住まない異界の島だろう。ヘラクレスのように彼は冥界へくだっていったのではなく、死者の国に海を渡ってたどりついたのである。

トロイアの戦士たちではアエネウスも冥界にくだっているが、これは島めぐりではなく、冥界下り（カタバシス）だった。[47]

ベネズエラの異界

ベネズエラの民話に「ふたつの世界で暮らした男」がある。ふつうは異界で三時間あるいは三日くらして、この世に戻ってくると三〇〇年が経っているが、この話では川を渡って、見知らぬ街に行った男が孫ができるまで何十年か暮らして故郷へ帰ってきてみると、つい昨日でかけていったたままだった。中国の「南柯の夢」でも、槐の木のしたのアリの王国で一生をすごしたつもりになった男が目を覚ましてみると午睡から覚めたところだったというし、粥を煮ているあいだに一生をすごした夢を見た話もある。アリの世界でくらした男の話はコロンビアにもある。アリが女になってやってきて、やがて、男をつれてアリの国へゆく。アリの国を「別世界」と呼んでいる。同書には死者の国へ行って、亡くした妻を連れ帰ってきた男の話もある。ただ、湖の中の島にある洞穴をおりていった先の死者の国から妻を連れ戻した男は、そこへゆくときにまじない師に書いてもらったまじないを、顔を洗って消してしまってはいけなかった。それを忘れて顔を洗ったとたんに、となりにいた妻の姿はどこにもなかった。これはニカラグアの話である。

（『世界の民話31　カリブ海』）

死者の国に妻をさがしに行った話

ゲルマン神話研究者クロード・ルクトゥの報告の中にある中米ニカラグアの話で、死んだ妻をさがしに魔術師の助けをかりて死者の国へ行った男の話がある。魔術師は男を裸にして、体中にまじないの文字をしるし、川をくだっていって、湖へ出たら、そこにころがっている丸太に乗って、島まで行って、林間空地の穴からあの世へくだってゆく。そこには太陽がさんさんと照っていて、彼の知っている人たちがいる。その中のひとりが彼の妻のところへつれていってくれる。そこで妻に再会すると、魔術師の言ったことを忘れて、すぐに帰るかわりに三日もすごしてしまう。その間に体にしるされたまじないの文字も消えてしまう[48]。と同時に魔術師のところへ寄るというのも忘れ、妻のことも忘れてしまう。ふたたび彼はいなくなった妻をさがしてさまようのである。

冥府からの挑戦

メキシコに「冥府からの挑戦」という神話がある。創造神のふたりの息子が球技に夢中になって冥府の近くまできてしまった。それを見て、冥府の支配者がいい機会だと喜んで、ふたりを球技の試合に招いて、謀殺する。殺された地上の神の子は、首を切られてひょうたんの木につるされる。そこに冥府の支配者のひとりの娘がとおりかかると、ひょうたんにつるされたこうべは彼女に唾をはきかけ、女を懐妊させてしまう。女は冥府を逃げだして、殺された神の子のところに身をよせる。だが、だれも彼女の言うことを信じない。そこで、荒れ野をたたいて、トウモロコシを生やしてみせる。最後のところは「トウモロコシの母」の神話を思わせる。トウモロコシ婆さんが死んで、その死体を畑に引きずると、そのあとからトウモロコシが生えてくる。ここでは、冥府から来た女がトウモロコシを生成させる。この話は、『ポポル・ブフ』のシルバーの世界における地上の神と地下の神の戦いを思わせる。

（『世界神話伝説大系16』）

ブラジルの星娘

ブラジルに「お星さま」という話がある。アメリカに多い星娘の話だ。若者が夜、外で星を見ているとひときわきらきらと光る星があった。あんな星が身近にあったらいいのにと思うと、美しい娘がやってくる。娘はしばらくひょうたんのなかに隠れているが、やがてヤシの木を天にとどくまで伸ばして、それをのぼって、若者とともに天空へゆく。ある日、天の村からにぎやかな音楽が聞こえてくる。そちらへ行ってはいけないという、娘の制止にかかわらず、行ってみると、それは骸骨たちの踊りだった。青年はヤシの木につかまって地上へ戻る。しかし、ほどなくして病気になって死ぬ。星娘が「まもなく戻ってくるでしょう」といっていたとおりになる。この異界は天空の星の世界だが、それは死者たちの世界だった。若者ははじめ旅行者としてその村を訪れた。しかしその地の本当の姿を見て逃げ出すが、一度死者の世界を覗いたものは、いずれそこへ戻らなければならないのだった。人はいずれ死ぬものだが、この場合は地上へ帰って何日もしないで死の国へ戻るのである。

（『世界の民話12　アメリカ大陸II』）

死んだ妻を訪ねた男の話

同じブラジルの話で、死んだ妻をさがしにいった男の話では、死者の国では死者たちが動物の姿になっている。この男も犀の姿で、再会した妻とすごしていたが、村にのこしてきた子供たちに会いたくなって戻ってゆく。ただしそのときの条件は、けっして人々に話しかけてはいけないというものだった。もとの家には隣の娘がいて、子供たちの世話をしていた。娘がしたしげに話しかけてくるので、男は約束を忘れて答えてしまう。とたんに記憶が消えさって、死んだ妻のことは忘れてしまう。[49] そしてその隣の娘と一緒になって末永く幸せにすごした。ここで特徴的なことは、死者の国が天上ではなく、地上の川のむこうであることと、そこですごした三年が、村では三日でしかなかったことだ。ふつうの異郷譚では異界の三日が地上の三〇〇年に相当する。ここではその逆だが、ちがう時間が流れていることにかわりはない。またここでの死者の国は骸骨たちの村ではなく、動物たちの楽園だった。森と湖に囲まれた草地で、食べ物は豊富で、動物の姿の死者たちとも楽しく話ができた。そこと人間の村の生活とのどちらがよかったのかわからない。いずれにしても村へ帰った男はそのまま、異界の記憶を忘れて、もとの村の生活にとけこんでゆく。

星の国への旅

ある若者が遠い森へ行って地面に横になって眠っていると、美しい女があらわれて「私についてきて」という。女はふわふわと大地から舞い上がり、若者も空中に浮かび上がっていた。そうやって、だんだん高度をまして、やがて天上界につく。そこで一軒の美しい家にはいるとやがて、女の兄のマニトゥ神[50]がやってくる。若者はこのマニトゥ神の計らいで、娘と夫婦になり、幸せにくらしているが、やがて地上に帰りたくなる。妻はほかの女と結婚しないという条件で、彼の里帰りをゆるすが、地上へ戻った若者は天上界のことをすっかり忘れて、地上の女と結婚してしまう。しかし花嫁はほどなく死に、若者も人間界から消えてしまう。星乙女が彼を呼び戻したのだ。この結末は天上界が死の世界であることをあきらかにしている。しかし何不自由のない楽園としての死の国である。こういった異界へ行ったものたちはかならず地上へ帰りたがる。地上の生活がいかに苦しく貧しいものであっても、異界へ行ったきりになることはなく、かならず里帰りをしたがり、そこでは異界のことをすっかり忘れてしまう。[51]

（『北アメリカの神話伝説』世界神話伝説体系18−20）

冥府の花嫁

同じ北アメリカの話だが、こちらでは冥府へは地上を南のほうへゆくと川があって、そこを舟で渡る。その舟の旅が嵐に翻弄されてひどい目に遭うが、「命の主」があわれんで、無事に冥府の島にたどりつく。そこで死んだ妻と一緒に楽しい日々をすごすが、「命の主」は、「まだお前の寿命はきていない」という。そこでいったん人間界に戻って、酋長になるが、ほどなくして死んで、冥府の妻のところへ戻る。これらの話では冥府は楽しいところのようである。ただそこまでゆくのに嵐の川をこぎわたるという試練を乗り越えなければならない。星の世界を死者の国として物語る場合も、夜のあいだ骸骨になって寝ている死者たちが朝になるともとの身体になって立ち上がって、楽しげに踊ったり歌ったりする。[52] 地獄の劫罰などはどこにもない。

（『北アメリカの神話伝説』世界神話伝説体系18－20）

星のお嫁になった乙女

同じく北アメリカに星と結婚した娘の話がある。娘が空をあおいで、美しい星を見て、あんな星のお嫁さんになれたらいいのにといって眠り込むと、気がつくと星の世界にいて、老人が彼女の夫になっている。娘は美しい星が老人だったので、あてがはずれて泣いていると、老人の妹が助けてくれて、木の皮を集めてひもをつくり、それをつたわって地上におりる。この場合はとくに禁忌背反はないようで、娘は人間界にとどまっていることができる。ただ、下界におりるときにひもがたりなくて、途中で助けてもらった鳶にはバッファローを供えてやることにしている。この話以外でもこの叢書ではバッファローを水牛と訳しているのが、気になるが、アメリカ野牛である。ほかにコヨーテを「尾長狼」としているのも気になる。

（『北アメリカの神話伝説』世界神話伝説体系18－20）

アメリカ先住民の異界

アメリカ先住民の世界では、死んだ妻をさがしに冥界へ行く話がよく語られる。『無文字民族の神話』では、ある男が妻の死を嘆き、自分の生を犠牲にして死者の国に行って試練をうける。そして試練に打ち克った結果、妻はよみがえり、自分自身も再生の権利をうるのである。

このように、死者をこの世へ連れ戻すこともできなくはない。ただし、オルペウスの場合のように条件がある。アメリカでは死んだ妻を連れ戻すときは、この世の境を越すまでは、彼女にふれてはいけなかった。あるいはその禁欲期間は三日と定められていた。ただし、死の国での三日はこの世の三年だった。三日禁欲したふたりは四日目、愛し合ったが翌朝、死んだ女はどこにもいなかった。最初は火葬にした女の灰が火葬場で舞い上がっていたのをつけて

ウィリアム・ブレーク《天使の階段》
1805 年　大英博物館

階段の下に横たわるヤコブの夢。星が瞬く夜空に天使たちが上り下りする梯が見える。

いったのだ。そうやって死者たちが渡る川まできた。女は夫を背負って川を渡った。死者の国では夫は邪険にあつかわれたが、狩猟の試練に合格してそこにいることをみとめられ、最後は女とともにこの世に戻ることをゆるされたのだが、三日のあいだ禁欲しなければならなかったのである（『アメリカ先住民の神話伝説』）。

　ホピ族の青年は死者の国をみてみようとして、メディスンマンに頼んで、眠りのなかで「骸骨屋敷」へゆく。そこでは重い荷物を背負ったりする試練が死者たちに課されていた。

　ズーニー族の若者は、妻を亡くして、妻とともに精霊の国へ行った。精霊になった妻の姿は見えなかったが、妻は赤い羽根を頭にさしていて、それだけは見えた。若者はそれを目じるしにして妻のあとを追った。旅は何日もかかった。旅の終点には湖があり、妻の亡霊はそのなかに消えてしまった。若者が絶望しているとフクロウがやってきて助けてくれ、魔法のメディスンをくれた。そのおかげで妻をふたたびみつけることができた。だが、村へ帰るまで妻の身体にふれてはならなかった。しかし彼はその禁止をおかしてしまった。妻は永遠に失われた。

　アメリカ先住民の世界の伝承では、カヌーをこいで川をさかのぼってゆくと、しだいに靄が濃くなって、その靄の中から亡霊たちの姿がぼんやりと見えてくる。これはモーパッサンの『水の上』と同じような雰囲気だ。[53] いずれにしても死者の国へはカヌーをこいでゆく。川をさかのぼるにしろ、くだるにしろ、あるいは渡るにしろ、死者の国は水のかなたにあるのである。コロンビアではメマロース島が、埋葬の地だった。あるとき、若い戦士が死んだ。すると二、三日して、彼の恋人の夢に精霊があらわれて、死者が恋人に会いたがっていることを伝えた。娘は「幸せな精霊たちの土地」へ向かって、カヌーをこいでいった。島からは音楽に合わせて踊りながら歌っている精霊と太鼓の音がしていた。夕暮れの靄をとおして光が島の上に輝いていた。娘は恋人の精霊と再会し、一晩中踊りあかした。しかし翌日、日が昇っているころ目をさますと、隣に寝ているのは骸骨だった。娘は川へ走って行って、カヌーにとび乗って、生者の村へ急いだ。しかし家族のものたちは彼女をいさめた。精霊たちに悪いことをしたというのだ。娘は精霊の世界へ戻り、やがて子供を産んだ。娘の母親に子供を見せるために、母親を精霊の国にむかえた。しかし一〇日間は子供を見てはいけなかった。母親はがまんできずに覗いてしまった。子供は死んでしまった[54]（『アメリカ・インディアンの神話』）。

不思議な石のカヌー

カナダの先住民チペワイアン族の伝承である。いいなづけの娘を亡くした青年がなんとか娘に会おうとする。部族に古くから伝わる伝承では、「森の奥深くに、死者の国につうずる小道がある」。彼はすぐに森をとおり抜け、その小道をさがした。一面の雪の世界を抜けると、陽光がさんさんとふりそそぐところへ出た。冬をとおり越して夏の世界へきたのだ。死者の国では永遠の夏が支配しているのである。やがて青い湖の岸へついた。そこには石のカヌーがあった。それに乗るとやがてむこうに同じようなカヌーに乗る娘の姿が見えた。ふたりは中の島につく。しかし青年はいったんは地上へ帰らなければならなかった。彼の死のときはまだやってきていなかったからだ[55]。

涙の川

コルディリエーラインディアンの話で「冥界で、涙の川と渡し守」という話がある。主人公はあるとき、死んだ兄たちが来いといっているのを聞いた。そこでザイルを用意して山に登ってゆくと岩に裂け目があった。その裂け目からなかへはいると、きらきらと光あふれる広間で、そこに地下へ降りてゆくはしごがあった。それを降りてゆくと、川岸に出た。それが「涙の川」だったらしい。そこに番人がいて、彼に死んでいるのか生きているのかとたずねる。この川は一度渡ったら戻ってこれないというが、川のむこうでは死んだ兄たちが合図をしている。そちらはなだらかな丘にとりどりの花が咲き乱れ、いろいろな鳥やけだものが遊びたわむれているところだ。しかし彼は見えない手に押しあげられて上へ上へとのぼって地上へ戻ってきた。あの世の入り口まで行って、涙の川は渡らなかったが、むこう岸に死んだ兄たちの姿は見た。そうやって地上へ帰ってくるとほどなくして本当に死ぬというように語る話が多いが、ここではその後も長生きをしたようである。この話は臨死体験を思わせる。(『世界の民話12　アメリカ大陸II』)

影の国への旅

アラスカのタナイナ族の伝承である。あるとき家族がそりに乗って旅をした。末の娘が遅れて、影の国に引き込まれる。やがて影たちは旅に出た。しかし娘はそのあとについてゆくことはできなかったので、途中で身をかくして、故郷の村のほうへ戻った。川のほとりに出ると大木が流れ寄ってきた。そのなかにはいりこんで川をくだった。そしてようやく村にたどりついた。人々は彼女が死んだものと思っていたので、死者供養の食べ物を供えていた。そこへ彼女があらわれたので、人々は驚いた。彼女が引き込まれてそこから出てきた影の国は純然たる死者の国ではなかった。まだ死ぬ定めになっていないものは、そこへ引き込まれてもこの世へ送り返されるのだ。[56]

月に行ったシャーマン

エスキモーの「月に連れ去られる」という話は、夜中に氷原の上で月を見ていたシャーマンが、月に連れられて、月へ行った話だ。そこでは月を「死者の国」といっている。あるとき男が月を見ていると、月はどんどん大きくなって、彼の真上にきてとまり、そこから犬ぞりがおりてきて、彼にそれに目をつむって乗るようにいった。その犬ぞりの御者は月だった。そりはものすごいスピードで奈落の上を飛んでゆく。目をあけるとそこには大きな村があり人々が住んでいた。それが死者の国だった。彼は家へ帰れなくなるのではないかと恐れて、急いでそこからすべりおりた。そして無事に地上へついたが、月へ行ったシャーマンは彼が最後だった(『エスキモーの民話』)。

異郷へゆくのにエスキモーでは犬ぞりに乗る。カナダの森林地帯では空飛ぶカヌーに乗る。空を飛んでゆくからといって、異郷がつねに月のようにあるとはかぎらない。西の空の果ては地下の地獄であることもあろう。亡霊の馬車でも、あるいは「七里馬」でもひと飛びに千里をゆく。異郷への旅は何日もかけた苦難に満ちたものであることもあるが、竜宮への旅のように目をつぶっているあいだについてしまうこともある。異界が地上の場合は川を渡ったり、険しい山を越えたりするが、天上の場合、あるいは海のかなたの場合は瞬時についてしまう。村境の墓地であれば、そこまでの移動は「旅」にも値しないが、墓地を「異界」とする例は少ない。死者は墓地にほうむられても、やがて地上の山や川を越えた異郷におもむいてそこに住み、さらにそこから、天国とか常世とかとよばれる「他界」におもむく。その最後の住まいからはめったに亡霊になってこの世に戻ってくることはない。

異界はつねに存在しているが、一時的に森のなかの林間空地が異界になることがある。サバトがそこで悪魔によって主宰される。女たちがヤギや箒に乗ってやってくる。そしてヤギの姿の悪魔に接吻し、その周りを踊り狂う。そのときだけの異界だが、次の集会も予告される。

ヤギ神に主宰されるサバト
（エミール・バヤール画　1870 年）

死の国

北アメリカの先住民アルゴンキン族の異界としての死の国は地上にある。妻を亡くした男が南へ南へと歩いてゆくと、だんだんと景色が美しくなり、小さな家があって、老人がいる。その老人が死者の国へゆく方法を教える。異界は川のむこうにある。舟をこいでゆくと先にゆく舟のなかに死んだ妻がいる。ふたりはしばらく幸せにくらしているが、やがて、別れて、男は人間世界に戻らなければならなくなる。

死者の国へ行った女

ルクトゥの『死とあの世と異界』に紹介されたグリーンランドの話である。二人の息子を死なせた女が、息子たちに会いに死者の国へゆく。その間、彼女は意識を失っていて、周囲の者は、彼女が死んだものと思っていた。しかし、彼女は死者の国にのぼっていたのである。天には穴があいていて、そこから天にはいのぼっていた。しばらくゆくと一軒の家があった。そこへはいると息子たちがいた。彼らの足は氷にとざされていた。地上で、彼らの母親が泣いた涙が氷になって彼らを閉じこめているのだ。そこへ祖母が出てきて、地上へ帰るように言う。入ってきたときの穴までゆくと、そこをはいのぼろうとしている若者がいる。彼女は樽で若者を押し戻して、地上へ帰る。そして彼女も若者も息を吹き返す。これも臨死体験の話のようである。ほかの話では、シャーマンが太鼓をならしながら、天に昇ってゆく話もある。ルクトゥはこれらの話から、ヨーロッパの昔話はシャーマニズムに起源をもつと考える。そして、「いなくなった配偶者をさがす話」[57]の類をすべてシャーマンの異界への旅とする[58]。

冥府の入れ墨

オーストラリア・ポリネシアに、冥府に住んでいる死者たちがこの世にやってくる話がある。とくに亡霊とはいっていない。料理をしたものは食べないというので、生魚を出すと喜んで食べる。その死者のなかに美しい女がいたので、地上の男は気にいって、嫁になって地上にとどまったらどうかという。女は承知した。しかし、あるときけんかをして、男は女をなぐってしまう。女は冥府へ去ってゆく。男がそのあとを追いかける。そして冥府の習慣にしたがって、顔に入れ墨をする。その間に妻も見つけて、地上へ戻ることにする。冥府の番人は、どうも要心が悪いといって、冥府の扉を閉めてしまう。以来、生きた人間は冥府へ行けなくなってしまった。これはトヨタマヒメが海坂の境をとざして竜宮へ帰ってしまった話を思わせる。

（世界神話伝説大系21）

冥府への墜落

同じオーストラリア・ポリネシア地方の「冥府への墜落」では、女が冥府へ墜落して、夫がそのあとを追いかけていって、柱にしばられていた女房を解放して二人で逃げる話だ。冥府はここでも地下である。そして比較的簡単に往復できるところとして描かれる。ただし、先に死んだ女が柱にしばられているというのが珍しい。（世界神話伝説大系21）

死の国で妻をみつけた男

パプアの民話に次のような話がある。妻が死んだあと、有袋類の小動物クスクス狩りをしていて、クスクスが飛び込んだ穴に犬がはいりこんで、それを追って死の国へはいっていった。そこでは死者たちが昼は骨で、夜は人間の姿をしていた。しかし妻は死者たちに殺されるから早く逃げてと言った。男はやっとの思いで逃げることができた。しかしそのあと、また死者の国へ行こうと思ったが、穴はふさがっていて、死者の国へは行けなかった。[59]
（『アジアの民話10』）

海底の花嫁

ミクロネシアに伝わる民話である。海底の国からきた娘が海岸を歩いていて、男の目にとまった。男はなんとかその海の娘をとらえようとして、ついに成功した。ふたりは結婚し、子供ができた。しかし女は故郷の島へ帰りたがった。そこであるとき、親子で海底の国へゆくことになった。サンゴ礁の上はそのまま波の上を歩いた。サンゴ礁をはずれると呪文をとなえて海中に沈んだ。海底には島があって、そこに娘の両親が住んでいた。両親は彼にカヌーをつくってくれて、それで、彼は故郷に帰ることができた。[60]

（『アジアの民話 6』）

星の国

人間が異界を訪れる話では竜宮へ行った話、死者の国を訪れた話などのほかに、星の世界へ行った話がアメリカ先住民や、メラネシアなどで好んで語られている。この地方では星の世界を天国といっている。

「天国を去った人」の話では、航海途中に、とある岸辺で仲間たちにおいてけぼりをくった男が星たちに天へつれていってくれるように頼んでいると、明けの明星がやってきて、天国へつれていってくれる。天国では美しい乙女と結婚して息子もできたが、この種の話の通例として、天にあいた穴から地上を見下ろすと故郷の村が見えて、とたんに望郷の念にかられる。男は縄をなって地上のヤシの木におり、自分の娘に発見されるが、もとの妻は、「お父さんはとっくのむかしに亡くなった」と言って信じようとしない。天では「夢のように」くらしていたのだが、故郷の妻子のほうがよかったのである。　（『世界神話伝説大系 22』）

フィンセント・ファン・ゴッホ《星月夜》1889 年　ニューヨーク近代美術館

冥途の花嫁

本当の死者の国に行った話は、ミクロネシアの伝説の「冥途の御嫁」である。

いままでいろいろな人が冥途への道をさがしたが、だれも知らなかった。ただひとり、その道を知っているものがいた。その男は「ワミラとディバリとの間を貫流して海へとそそいでいる、あのウルアム河の水源の丘に住んでいた」。彼は若い嫁を亡くして、悲嘆にくれていたが、ちょうど命日の日にクスクス狩りに出た。そして洞穴に逃げ込んだクスクスを追って、洞穴のなに入り込むとそこが冥途だった。冥途では昼間は亡者の骨があちこちに散らばっているが、夕方になると、骨が集まってもとの身体になって、踊りを踊る。男は死んだ嫁に再会したものの、亡者たちにとり殺されるのを恐れて、早く逃げるようにといわれる。いわれたとおりに逃げ出したが、亡者たちが追いかける。なんとか洞穴を脱出したが、亡者たちはその洞穴に石をころがしてきて、入り口をふさいでしまった。以来、二度と冥途には行けなくなった。ここでは冥途は星の世界ではなく、穴の底の地底である。

（『世界神話伝説大系22』）

危険な異界行

オデュッセウスの島めぐりは危難にみちている。それに対して日本の竜宮訪問譚は往復ともあっというまに経過する。甲賀三郎の地下遍歴は苦難にはみちているが、生命の危険はなかった。フィリピンの「マニク・ブランシ」の物語では、天界の王子マニクの馬に乗って天界へゆく娘は、細く長い橋を渡るあいだに下を見てはならなかった。娘はしかし、おもわず下を見てしまった。死んだ母親の声がする。とたんに突風が吹いてきて、娘は奈落にさらわれてゆく。異界行は本来、危難にみちたものだった。

その危難は死の危険である。それをトリックスターはなんなくくぐりぬけ、身代わりを水の底へ送りこむ。なまけものが袋に詰められて川に投げこまれようとする。それを機智を働かせて、回避し、みがわりに羊飼いを袋に閉じこめて、川へ投げこませる。その羊飼いの羊の群れをつれて歩いていると、彼を川にほうりこんだつもりの兄弟、あるいは長者に出会う。そして驚く彼らに、水の底は美しい楽園で楽しいところだという。そこで、長者が自分もそこへゆきたくなって川へ投げこんでもらう話が世界中に広まっているが、もちろん、この「異界」はそこへ行けば死んでしまう死者の国である。フィリピンの「ピランドクがサルタンになったわけ」ではサルタンの命令で海へ投げこまれた男がなんとか浮かび上がってきて、サルタンに海の底は金銀であふれた豊かな楽園だと宣伝する。サルタンが自分もそこへ行きたいといって、海に投げこまれて死んでしまい、ピランドクがかわりにサルタンになる。死の国へ行けばふつうは死んでしまうのである。しかし、抜け目のないものはその入り口で戻ってきて、みがわりをそこへ送りこむ。その往復は危難にみちている。しかし異界での滞在は楽しく歌い踊り、美味佳肴を口にする。日本の根の国だけが例外である。

ギリシャ・ローマの冥界は『オデュッセイア』の場合、多田智満子によれば、「オケアノスの流れの果てるところ、キンメリオイ族の住まう地の涯、不断の霧と雲におおわれ、日の光のたえてさすことのない西方の最果ての地」であり、トロイアの英雄アエネアスの場合はイタリアのクマエ、名高い巫女シビュラの仕えるアポロンの聖所の洞穴からおりていった先である（『夢の神話学』）。

魔法をかけられた町

タイの民話に「魔法をかけられた町」がある（『世界の民話 10』）。あるとき森で木にのぼって見ていると、人々が洞穴にでたりはいったりしているのが見えた。やがてあるとき、そのなかの一人の娘が木の葉をなくしたといって泣いているのをなぐさめてやって、やがて、愛し合うようになって結婚して同棲した。それが「魔法にかけられた町」で、そこでは男が家事をやり、女が外で働くのだ。その町の最高のおきては、嘘をつかないことだった。男はあるとき、泣きやまない赤ん坊をなだめようと、お母さんがもう帰ってくるよと言ったばかりにその町を追放されることになった。その町こそ洞穴のなかの町だった。嘘をつかない人々の町はこの世の逆の世界だった。

アイルランドの「クフリンの病」でも「嘘も不正もいわない輝かしい高貴な土地」が語られる。ゲルマン神話研究者クロード・ルクトゥに言わせれば、それも異界の相貌のひとつということになる。

竜宮譚

日本などの竜宮譚では、目をつむっているあいだに、海底の華麗な竜宮殿につく。そこはたいてい、海中ではなく海岸で、地上と同じような、しかし豪華絢爛たる竜宮が建っている。そこへ行った男は美味佳肴のもてなしをうける。海中のみならず異界には富があるという観念があるのである。ヨーロッパでは、山中の洞穴の底に壮麗な宮殿が建っている。地底の観念と海底の観念はつうじあう。そこから地上、あるいは海岸に遊びにでてきた女が地上のものにとらえられる話としては、異界の女が亀、蛇、蛤などに変身していたということが多い。地上の妖精では白鳥である。ミクロネシアではそのような変身は語られない。アイルランド、スコットランドでは、アザラシたちが陸に上がって、皮を脱いで、踊っている。白鳥が衣を脱いで、水浴をするのと同じである。この場合は、天人女房なら天へ逃げ帰った女のあとを追っていった男が天で過酷な試練をうけ、たいていは試練に失敗して地上に落とされる。あざらし女房だと、女の故郷のアザラシの村まで男がゆくことはない。異界の女が変身をして地上へやってきて、人間の女房になり、時が来て異界へ帰ってゆく場合と、異界の女が人間の姿のまま地上へやってきて、結婚し、家族で里帰りをする例とがあって、ミクロネシアの例は後者である。天界の女の場合には、そのあとを追っていった男は天の舅に難題を課されるが、ミクロネシアの「天界の花嫁」では、難題を課すのは地上の酋長で、女を手にいれようとして、男に無理な仕事をさせる。これは日本では「絵姿女房」などの場合だ。

三つの死の国

中央アメリカに伝わる三つの死の国。ひとつは太陽の国で、戦死者がゆく。二つ目は火葬ではなく土葬にされたも

トラロックの石像
（メキシコ国立人類学博物館）

のがゆく雨の神トラロックの国で、みどりゆたかな豊穰の地である。三つ目、これが一般の死の国で、病死者がゆくところだが、最後に大きな湖を黒い犬の導きで渡るまで、九つの野と九つの丘を越さなければならず、最後のところでは黒曜石の刃が吹きすさぶところをくぐり抜ける。その九つの段階は死者がくぐり抜ける試練の行程とみられ、そこを無事にくぐり抜けられないと死者の国へは到達できない。ことに九つ目の旅には四年かかるという。死者はここを通り過ぎることによって死の穢れを祓い落としてゆくものと思われる。

（『世界の民話12　アメリカ大陸II』）

三、ヨーロッパの異界

このあとは、主としてヨーロッパの伝承に異界観をみる。ヨーロッパの場合キリスト教の影響がありうるが、妖精信仰はキリスト教以前からのものと思われ、とくに昔話では妖精にたいしては寛大である。悪魔でさえ、昔話のなかではだまされるもの、主人公に逃走を許すものとして描かれている。絶対的な悪ではない。これは中国、日本でも同じで、民譚では悪の絶対視がみられない。ということは、冥府についても絶対的な悪としての地獄観はなく、相対的だということだろう。

水晶の城

フランスのブルターニュ地方に伝わる話である（『世界の民話6　イギリス』[61]）。イヴォンヌはとある若者と出会って、求婚され、即座に承知する。豪華な婚礼のあと、すぐに若者はイヴォンヌをつれてゆく。その後、彼女の音沙汰はない。ただ、立ち去る前に、黒海の対岸の水晶の城でとだけ告げていた。末の兄のイーヴォンが妹に会いにでかける。道は茨が生い茂ったり、蛇がむらがっているような危険な道だったが、イーヴォンはそれを乗り越えてゆく。水晶の城ではだれも何も食べない。妹も寝てばかりいる。彼はそこに七日とどまって一度は妹の夫の旅についてゆくが、途中だれにも話しかけてもいけないし、なににも触れてもいけないという禁止にそむいて、三〇〇年のあいだ互いに争っている二人の人間をへだててしまった。この人間たちはもちろん三〇〇年前に死んだ亡者なのである。それまでの牧場で見かけた肥えた牛ややせた牛も、もとは人間で、生前のおこないのために肥えたり、やせたりしているのだ。妹の夫は死者たちの世界の王だった。禁止をおかしたイーヴォンはただちに故郷へ帰るように言われる。帰ってみると家があったあたりにはなんにもない。一人の老人がそういえばずっと昔、そこに家があったが、そこの人たちは死んでしまったと告げる。彼もまた三〇〇年のあいだ、異界に旅をして死者たちと接触していたのだ。といっても、そこから戻ってくることができたのだから、そこは死の領域ではない。死者を見ることはできるが、彼らと話をしたり、触れあったりしてはいけないのである。イーヴォンは故郷へ帰ってほどなく死んで水晶の城へ戻る。そこで眠っているイヴォンヌは死んではいない。夫も死の世界を統括する王子だが、地上へあらわれるときは若い王子としてあらわれる。彼も死んではいない。死に神でもない。イーヴォンが王子とともに経めぐった世界は死者たちの世界だったが、生きているあいだは、死者たちと話したり触れたりすることはできないのである。異界から地上へやってくるものは生きている人間と同じように話をし、行動する。水晶の城でも、王子は死者ではなく、死の世界を巡視する役目をもった生者である。しかしそのまわりは死の領域である。これは日本の異界の代表である根の国と竜宮についてもあてはまることだろう。竜宮から地上へやってきたトヨタマヒメは生きた人間としてふるまうが、子を産むときは元の姿に戻る。それをワニというが、水晶の城の周りにいた牛と同じような異類の姿である。根の国もその周りを経めぐってみれば死の領域であることがわかるにちがいない。ただ、水晶の城のなかでは生命がしずかに進行しているように、根の国の宮殿、これが堅洲国の本義であろうが、そのなかでは死は働かない。異界は死の領域ではないが、それに取り巻かれている。そこに数日滞在したあいだに地上では三〇〇年が経っている。そしてそのあいだに親も兄弟も死んでいるのである。

スコットランドの歌人トーマスの話

歌人トーマスがある夜、川べりを歩いていると、仙女の国の女王がやってきて、彼を仙女の国にまねいた。仙女の国は川を渡ったむこうにはてしなく広がる沙漠を越えて、茨やヒースが生えた道と、ユリの草原を通っている広い道と、山腹を回って西へ行く道が別れるところへついた。茨の道は天国へ行く道で、ユリの道は地獄へゆく道、山腹を回る道は仙女の国へ行く道である。[62] 道はなおも続いたが、ついに光があらわれた。美しい国である。そこで彼は七年すごした。七年は夢のようにすぎる。七年経つとこの世へいったん戻ってきたが、ふたたび仙女の国へ戻ったようである。時折、仙女の群れとともに馬に乗ってやって来るのを見かけたという人がいる。市場で馬を買い付けにきたりするのである。仙女の国にも攻め込んでくる敵がいて、防衛しなければならないのである。[63] 馬はそのためにいる。

この話は『スコットランドの神話伝説』（『世界神話伝説大系 3』）に収められているが、土居光知の『神話・伝説の研究』にも紹介されている。

ジプシーの死人の国

ジプシーの伝承として「死人の国」がある。死人の国といっても「本当の死人の国ではないかもしらんが、国境は通り過ぎた」というとおり、死んだ人々が供養が足りないために死にきれずに幽霊になって出てくる世界である。山をのぼっていった洞穴の奥にそれはひらけている。幽霊は墓に牛乳を入れてくれなかったためにのどがかわいてたまらないという。恋人の幽霊も出てきて、のどがかわいたというので、壺にはいった牛乳を飲ませると生き返る。これは「三つのオレンジ」で、オレンジから出てきた妖精にすぐに水を飲ませないと消え去ってしまうことを思わせる。「三つのオレンジ」の妖精も死の世界から出てきたのである。ジプシー(ロマ)はもともと無文字文化の人々だが、ヨーロッパの国々を経めぐるうちに、高文化圏の口承文芸を吸収しているのである。

（『世界の民話　5　東欧Ⅱ』）

ネズミの穴

「黄金のベテリと松やにバビー」は、日本の「ネズミ浄土」と同じような話である。ベテリがあるとき糸つむぎをしていると、はずみ車がおっこちて、転がって、ネズミの穴にはいってしまった。ベテリはそれを追って穴にはいろうとすると、「穴がぐっと広がった」。そこは「地下の、全然別な世界」だった。そして行く手には豪華な城がきらきらと光っていた。そこで妖精の子供たちがベテリをでむかえて歓迎してくれる。帰りには高価な飾りものと、黄金のはずみ車をもらう（『世界の民話　1　ドイツ・スイス』）。

日本のネズミ浄土では、団子を追いかけていってネズミの穴にはいりこみ、金ずくめの世界に目がくらむ思いをする。しかし猫の鳴き声をまねると、ネズミたちはいっせいに逃げ出してゆく。オオナムチが訪れた「根の国」には黄金の輝きはなかったが、野焼きの火に攻められたときにはネズミに助けられて、ネズミ穴にもぐりこんで火をのがれる[64]。根の国も別世界だったが、そのなかにさらにネズミの穴があった。スイスの話でも地下の別世界に黄金の城が建っていて、そこへベテリははいりこむ。ほかの話では森に迷っていると壮麗な城があって、そのなかにはいりこむとそこは別世界である。森という別世界のなかに城という別世界がある。

一夜の夢

同じ本の中のスイスの話で、「あの世で過ごした一夜」という話がある。ふつうの「異界」は地下で、地獄ではなくともそれに接したところで、そこにいるのは妖精である。しかし、この話では、死んだ友人を結婚式にまねいたあと、墓場までその死者を送っていって、死後の世界を見せてもらうことになる。ふたりは黄金の門をとおって楽園にはいってゆく。そこでは天使たちが音楽を奏で、聖者たちが踊りを踊っている。庭園では、木々は木の葉のかわりに色とりどりの鳥を枝にとまらせている。空には美しい星がきらめいている。しかしそのうちふと気がついて、ここへ来てからどれくらい経ったのだろう、もう帰らなければと思った。しかし、地上へ帰ってみるとそこは見も知らぬ土地で、教会の司祭は、三〇〇年前に結婚式の途中で抜けだして墓場で姿を消した人がいたことを記した古びたノートを見せてくれた。あの世での一夜はこの世の三〇〇年にあたるのである。

ホレルおばさん

ロートリンゲン（フランス北東部、ロレーヌ地方）に「ホレルおばさん」という話がある。マリーは継母に井戸のなかに突き落とされる。するとそこは美しい牧場で、花がたくさん咲いている。リンゴもいっぱいになっている。ホレ

パリのペール・ラシェーズ墓地

ルおばさんは金の糸をつむいでいた。マリーはおばさんの手伝いをする。そこで羽根布団をふるうと「下界では」雪が降る。地下だと思った世界は天界だったのだ。マリーは足の先から頭のてっぺんまで黄金のようになって帰ってくる。この黄金郷は井戸の底にひろがるパラレルワールドで、下だと思うと上で、羽根布団をふるうと下界では雪が降る。

同じロートリンゲンに「幽霊島」という話がある。船乗りが漂流して無人島にたどりつく。しかしそこは幽霊たちの島だった。かつて二つの国が争って、みな死んで幽霊になってしまったが、幽霊たちのあいだでも抗争が続いていた。船乗りは幽霊の女王のたのみで、その一方に加担して、もう一方の王をとらえて井戸にほうりこむ。幽霊島は解放された。船乗りは宝物をもらって故郷へ帰る。

「地下人と巨人の王」という話もある。ここでは地底の小人たちが出てくる。異界の住人は小人か巨人か幽霊か妖精である。

（『世界の民話 14　ロートリンゲン』）

不老不死の国

ルーマニアの民話に「不老不死の国」がある。不老不死をもとめる王子が馬に乗って旅にでる。王国を出外れると白骨が累々とちらばる荒野にでる。そこをとおりすぎるとゲオポアイアという妖怪のすむ森にはいる。そこをなんとかとおり抜けると、花咲き乱れる美しい野原にでる。そこもスコルピアという妖怪の国である。妖怪の国から妖怪の国へ、まるで『西遊記』の旅のようである。王子は翼のは

ホレルおばさん
（オットー・クーベル画　1930 年）

えた馬に乗ってその危険な領域を飛び越え、光り輝く宮殿について、美しい妖精の出迎えをうける。そこが不老不死の国だった。王子は妖精と結婚して、何不自由のない日々を送って、知らないうちに長い長い歳月をすごした。[65] しかしそこは不老不死の国である。いくら年月が経っても着いた時のままの若さをたもっている。その間、故郷の村では数百年の年月が経っていた。王子は妖精がとめるのをふりきって、故郷の村に戻ったとたんに永遠の若さはとびさり、まがった腰までまっ白なひげがたれた老翁となってまもなくくずおれて死ぬ。

（『ルーマニアの民話』）

夢の国

同じくルーマニアの民話である。美しい娘が姿を消して、一年ののち、子を宿して父母に会いに戻ったときにそれを悟る。娘は夢の国へ行っていたのだ。故郷の村では父なし子をかかえて、苦難の生が待っている。その息子もやがてその国の夢をみる。それを聞いた母親は、自分も行った国だからどうやっていけばいいか知っている。そこへつれていってあげよう、と言う。二人は旅立ち、とある山中の谷川のほとりにつく。その谷川の水を飲めば、それまでの生活は忘れて、「別な人生」が始まる。若者は忘却の水を飲む。そしてさらにふたつの関所を越える。人界の悩みや愛情を捨て去るのだ。そして若者は夢の国につき、そこを治める妖精に出会って愛し合う。しかしそこで不老不死の日々を永遠に送るようには定められていなかった。その夢の国のさかいには思い出の川が流れていた。ある暑い日、森をさまよって汗をかいた若者は、妖精の制止をふりきって、その思い出の川にはいってしまう。とたんにこの世のしがらみがよみがえる。故郷で待っている老母のところへ戻ってくる。この夢の国では異界特有の別時間は流れていなかったようである。故郷へ帰った浦島は以前の村里がすっかり様変わりしているのを見て途方にくれるが、「夢の国」から戻った若者は、ただ美しい夢をみていただけで、目覚めれば、貧しくとも以前と変わりのない故郷をみいだすのだ。忘却の川の水を飲むとそれまでの人界の感覚を忘れるというのは「かぐや姫」が天界の衣を着ると人間的感情を忘れるというのと同じである。

（『ルーマニアの民話』）

コウノトリになったシニャーン

ブルガリアの民話にコウノトリになった男の話がある。ヨーロッパじゅう、コウノトリが飛来する地域で語られる話だ。コニャール村のシニョーンはのらくらものだったが、あるとき父親に叱責されて腹をたてて家を出てしまった。そして、見知らぬ老人に出会って、一緒に聖地へ巡礼にゆくことになった。ところが船が難破して、シニョーンはひとりで離れ小島に漂着した。そこで畑をつくっている人に会って挨拶をすると、おやシニョーンさんだ、どうした風の吹き回しでこんなところへきたんですかときかれる。名前を知っているのに驚いて、どうしたわけかと聞き返すと、自分たちはあるとき老人に石を投げて殺してしまったことがあったが、そのとき死に際の老人から、おまえたちはコウノトリになれと呪われて、以来、コウノトリになってくらしているのだ。ただ、冬のあいだはコニャール村は寒いので、暖かい南の島にやってきて、そこで人間の姿になる泉の水をあびて人間になってすごすのだが、春になるとまたコウノトリになる泉の水をあびてコウノトリになって、コニャール村に戻ってすごすのだという。シニョーンは彼らと一緒に生活して、春になってコウノトリになってコニャール村に帰ったが、瓶に入れて持っていった人間になる泉の水をなくしてしまって、人間に戻れず、一シーズン、コウノトリのままで、故郷の村の父母の家のとなりに巣をつくってくらして、秋になってもう一度、南の島に戻り、翌年の春にコウノトリになってコニャール村に戻り、こんどは人間になる水もちゃんと持っていたので、人間に戻ってもとの家族にむかえられたという話である。シニョーンがいなくなった二年間は神隠しにあって異界ですごしていた二年ともいえるだろう。死んだものの霊魂が鳥になって、もと住んでいた家の軒端で、家族の生活を見守るという信仰は各地に見られる。また渡り鳥が毎年、遠い「異界」からやってきて、人間の世界を訪れるのを魂の飛来のようにみなすこともよくあることである。ヤマトタケルが死んで白鳥になって飛んでいったのも、冥界へ飛び去ったとみなされるが、白鳥の渡りの季節に北の国からやってくれば、彼の魂が戻ってきたと考えたかもしれない。夏鳥は冬になれば南の地へゆく。かわりに冬鳥が北の国からやってくる。それら渡り鳥が夏または冬のあいだすごしている土地は人にわずらわされないところで、人間にとってはまさに「異郷」なのだ。その地で鳥たちは繁殖をして、次の季節には家族で渡りをする。渡り鳥とともに旅をしたものは、村人にとっては神隠しにあったのだが、本人にしてみれば、鳥の仲間にはいって旅をしただけである。『ニルスの不思議な旅』も思い出される。

（『ブルガリアの民話』）

ビャクシンの茂みのネズミたち

スウェーデンの民話に「ビャクシンの茂みのネズミたち」という話がある。王が三人の息子たちの中から後継者を決めるために、三つの課題を課す話で、フランスではオーノア夫人の「白猫」の話である。どちらでも末っ子が動物のところへ行って、猫やネズミを花嫁としてつれてくる。スウェーデンではネズミで、地下の国に住んでいる。オオクニヌシが訪れたのと同じ地下のネズミの王国である。それがビャクシンの茂みのなかにある。そこから地下へ降りる階段があって、そこを降りてゆくと壮麗な宮殿にたどりつく。そこに住んでいるネズミたちは実は魔法にかけられた王女と廷臣たちである。世界一小さな子犬、世界一美しい織物などを王は要求したが、ネズミの王国のネズミたちが即座にそれをみつけてくる。最後は世界一美しい王女で、ネズミの王女がネズミたちを馬にして馬車をしたててやってくる。[66] 川があって、それを越えると魔法がとけて、美しい王女になるのである。この話は「白猫」では地上の城に住んでいる猫の話だし、蛙の場合は沼地だが、ネズミの場合、これは野ネズミだろうが、地下の王国である。この世の底にネズミの王国があるというのは小説などでもよくみられる構造だが、[67] 人間のすまいに地下室あるいは縁の下と、屋根裏があって、地下室には祖霊が座敷童のような姿で住んでいたりして、家の主人の無意識を支配しているというのと同じ構造である。

（『スウェーデンの民話』）

とらえられた女

アイルランドの民話である。妖精にとらえられた女が夜な夜な妖精の砦を抜けだして、近くの農家にはいりこんで、食べ物を食べていた。あるとき、その農家の主人が起きていてその女を問い詰めると、自分は妖精たちにさらわれたもので、妖精たちの食べ物を食べるともう二度とこの世に戻れないので、向こうでは何も食べず、夜ごと、その農家にやってきて食べ物をあさっていたのだという。そこで、その話を聞いた家族のものが、女を奪い返しにいこうとしたが、その前に、神父に相談したところ、この世で死んだ

妖精の国
（リチャード・ダッド画　1855年頃
テート・ブリテン）

ことになって葬式も出されたものがこの世に戻ってくることはよくないといわれて、家族は女の奪還をあきらめ、女も妖精の食べ物を食べて、ずっとそのまま妖精の砦ですごしたという。[68] 妖精の世界がすぐ近くの丘の上などにあるアイルランドならではの話だが、一種の神隠しの物語とも読める。

（『アイルランドの民話』）

地底の悪魔の世界への旅

アラブの民話に「夜の闇に消えた花」という話があるが、これは世界中で「金の鳥」「黄金のリンゴ」などとして語られている話の変奏だ。[69] 黄金のリンゴはここでは「その芳香を嗅ぎその優雅な花びらを見れば、どんなに疲れた人でも力を取り戻す」魔法の花である。それはある王の庭に生えているが、王はその花が引き抜かれているのに気がつく。王は三人の王子を呼んで、花泥棒をつかまえるように命ずる。しかし上の二人の王子は夜の間、見張りをしているうちに眠りこんでしまう。末の王子が、眠らずに番をしていて、やってきた魔物に傷を負わせる。王子たちは血のあとをたどって魔物を退治にゆく。血のあとは古井戸で消えている。そこで、その中へおりてゆくことにする。上の兄弟は怖がって、途中で戻ってくるが、末の王子が井戸の底まで行って、抜け穴を発見し、そこをとおり抜けて、光り輝く大理石の宮殿にたどりつく。そこは魔物の宮殿で、魔物はさらってきた王女の膝に頭をのせて眠っている。王子は魔物の首を切り落とし、白い羊に乗せて王女を地上へ送り

黄金のリンゴと女神フレイア
（アーサー・ラッカム画　1910年）

だす。地上では二人の王子が王女を見て、その王女を自分たちのものにするために、末の王子を亡きものにしようとする。ほかの話では地底へおりたときの綱を兄弟たちが切っておとす。ここでは、黒い羊に王子は乗って地上へ戻ろうとするが、黒い羊は上へのぼるかわりに地下の層へおりてゆく。そこは「死霊のすむ黄泉の国」だった。しかし王子はグリュンプスの助けを借りて、その背に乗って地上へ生還し王女と結ばれる（『アラブの民話』）。

地下の国の冒険は日本でも外国でも同じような経過をたどる。たいてい二人兄弟、あるいは三人兄弟で冒険にいって、弟が穴のなかにおりて、とらわれの王女を助けだし、地上へ送りだす。兄は綱を切って、弟があがってこれないようにする。しかし弟は蛇の姿で、あるいは鷲に乗って地上へ帰る。屋久島の民話に「地下の国へ行った弟」がある（『日本の民話 37』）。兄弟で山へのぼるが、クモの怪物が出てくる。弟が穴のなかで、怪物を退治し、お姫様を兄のもとに送りだす。兄は綱を切る。弟は、蛇の皮をかぶって川を渡り、地上へ戻ってくる。墓場へ行くと大勢の人が集まっていて、弟を見て幽霊だとさわぐ。弟がいなくなってから一年が経っていたのだ。

異界としての山と海（竜宮）

「異界をつむぎだした想像力」と小松和彦は言う（『伝承と文学』）。つまり想像力のゆたかな民族に異界の話が多く語られるというのであろう。山中にも竜宮はあるが、川を

雲海の上の旅人
（カスパー・ダーヴィト・フリードリヒ画
1818 年　ハンブルク美術館）

さかのぼった果ての、たとえば、滝つぼのむこうの桃源郷だったりする。村人たちの想像力は山中にも海中にも桃源郷を築くのである。その場合そこが海から遠いところかどうかといったことはあまり関係がない。山中に竜宮を想像する場合も川の源流のあたりだったり、滝つぼの向こうだったりするし、山の中の谷川の底にも竜宮は想像される。日々の生活圏を一歩踏み出せばそこはもう異界なのである。そして川底であれ、海底であれ、あるいは山中の洞穴であれ、水にひたされているとか、日がささないということはなく、地底であっても緑の芝生と銀いろの小川と明るい太陽とがあるのである。太陽の旅についていったものは、空中にもみどりの牧場があることに驚異の念をいだく。空中であれ、地中であれ、水中であれ、日常生活では足を踏み入れることができないところであればどこでも異界は存在する。その日常生活の場とはちがった世界へはいりこんだものは、そこに「蓬莱」ともよぶ楽園世界を見る。「仙境」でもある。そこにしかし、しかるべき試練を経てこなかったものは長く住むことは許されない。試練には死の試練もある。それを経ていないものは、すぐに帰らなければならない。すぐ帰っても、地上では何年も経っている。海底はもちろん山中でも、死の試練は闇のトンネルをくぐったり、目をつむったりして、危険な領域をさまようことが含まれている。山も里山ではなく、アルプスやカフカス、ヒマラヤなどの高山地帯であれば、かつては悪魔の領域とされていた。そこを何日も迷い歩くことは、現実に生命の危険をおかすことだった。

イタリアの異界

増山暁子の『イタリア異界物語』には、ヨーロッパ各地に伝わるフォークロアの異界がいくつか紹介されている。そのなかのひとつは鉱山の物語だ。ドイツや北欧では鉱山に働いているのは小人だが、イタリアではとくに小人とはいわれていないようである。しかし、鉱山の中には乙女をデリバーナ（人身御供）に捧げ、七年閉じこめておくという。七年経ってもまだ生きていれば、恋人がおりていって救出することができるとされているが、救われた乙女はいないようだ。あるとき七年の年季が終わるのを待っていた領主が地底へもぐっていったが、デリバーナのいるところへたどりついたときに十二時の鐘が鳴って、すべての希望が消えてしまった。地上に戻った領主には奥方の死が待っていた。女の子を産んでみまかったのだ。その女の子が大きくなったときに、自ら進んでデリバーナになった。それが最後のデリバーナだったという。

森の怪異

ヨーロッパの異界の代表は森だろう。森の怪異としては森の木々のあいだを白い靄に乗って飛ぶ「霧娘」あるいは「白い婦人」の話などもあるが（ジョルジュ・サンド『フランス田園伝説集』）、これは亡霊だろう。生きている人間が空を飛ぶのは魔女伝承で語られるサバトの話だ。女たちが夜の森の林間空地に集まって魔宴を開くというのは、実際にあっても不思議のない話だが、そこへ参加する女たちが箒にまたがって、あるいはヤギに乗って空を飛ぶとなるとこれは異界の伝説になる。さらにそのサバトを司祭するのがヤギ神だとするとパーンやファウヌスといったディオニュソスの眷属たちとの関連も浮かび上がる。ディオニュソス、あるいはバッコスの信者とくに女性たちが家族を捨てて森や山に駆け込んで狂乱の果てに動物たちを捕まえて、八つ裂きにして生のまま貪り食うという話もあり、サバトではそのかわりに生まれたばかりの新生児、あるいは堕胎した水子を煮てそれにガマガエルだの、マンドラゴーラだのをまぜて悪魔の料理をするという話もある。そもそも空を飛んでサバトへくるときに裸になって悪魔膏を身体にすりこむといい、それを身体にぬると空を飛ぶ幻覚が生ずるともいう。ヒヨス、ベラドンナ、マンドラゴーラなど、ある種の植物が幻覚を与える可能性は否定できない。

ヨーロッパは果てしない森におおわれていた。いまでこそ北欧をのぞくとヨーロッパの森林率は三〇％程度で、森は少なくなって、牧草地や耕地に、あるいは工業用地になっているが、神話時代にはいたるところに森があった。そして森には後代のロビンフッドのような山賊もいれば、魔女もいたし、隠者もいた。聖杯探索の騎士は好んで森をさま

狂えるオルランド
（ギュスターヴ・ドレ画　19 世紀）

よったが、ランスロのように、罪をおかして聖杯に近づくことを禁じられたものは、狂って森をおめきながら駆け巡った。ペルスヴァルも森の狂人のひとりだった。アリオストの『狂えるオルランド』の主人公もそうだった。そして森には妖精が住んでいて、泉ではその妖精が水浴びをしていた。

もちろん森には妖精の城ばかりではなく、人食い鬼の城もあった。森は封建時代にはすべて国王の所領となり、そのいくつかは国王から、臣下の貴族たちに分与され、貴族たちはその地名を名乗った。あるいは国王や諸侯から、修道院に土地を寄進されることもあった。土地は農地であることもあったが、どうにもならない人跡未踏の森であることもあった。修道士たちはその森を営々と開墾していった。しかし大部分の森は手つかずの鳥獣の王国にとどまっていた。そして近隣の農民たちは、その森に立ち入ることは禁じられていた。森へはいれば、密猟、あるいは盗伐のかどで縛り首になった。ただし隠者はキリスト教への敬意から大目にみられていた。また炭焼きや、木靴作りなども森に住むことを許されていた。

森でなければ地下だが、多くは森の奥の洞穴などから地下世界へおりてゆく。『アイルランドの神話と民話』に収められた「機織りの息子と白い丘の巨人」では、まず機織りの家が「森のはずれに」あることが示される。森へ薪とりにでかけると、見知らぬ男に会って、娘をさらわれる。息子が姉をさがしにゆく。森をさまよって、樫の大木の根方にあいた穴から「まっさかさまに他界へ落ちて」いった。この「他界」は「もう一つの世界」で、ここでいう「異界」であろう。死者の国ではない。そこには城が建っていて、彼の姉が人食いの怪物の嫁になっている。怪物は羊、鮭、鷲の姿をしている。姉は三人いるのである。その城から外を見るとむこうの白い丘の上に城が建っているのが見える。人食いの巨人がそこに住んでいる。少年はそこへ行って巨人を倒し、その妻をつれて地上へ帰る。地下にもう一つの世界があって、鷲や羊の姿の人間や巨人が住んでいる。

ロシアの場合は水中に理想郷があり、「青々とした野原や森や園などがあって、地上の国とあまり変わりもありません」（『世界神話伝説大系8』）という。

ワイルドハント

サバトが女たちの魔宴であったとすると、「ワイルドハント」は男性の妖怪・亡霊譚である。これにはワイルドハントのほかにメニ・エルカン[70]、死者の軍勢などという言い方もあり、怪異現象としてもそれぞれにヴァリエーション

オーディンのワイルドハント
（ペーテル・ニコライ・アルボ画　1872年　オスロ国立美術館）

がある。多いのは「呪われた狩り」で、狩りの好きな領主が日曜のミサを抜けだして、狩りをして鹿を追い、鹿が森の隠者の庵に逃げこむと、それを追って庵にはいりこんだところに庵の主が出てきて、殺生をいましめるが言うことをきかず、鹿をしとめてしまう。それを見て隠者がそれほどまでに狩りをしたいなら、未来永劫、幻の獲物を追って狩りをするがいいと呪う。呪いはほどなく成就して、領主は死んで空をかけて幻の獲物を追いかけるようになる。

これには空中ではなく地上の森を駆け抜ける亡霊の狩人の話もある。あるいは狩人が逆に獲物の鹿に追い回される話もある。地上版ではエルサレムから戻ってきたぼろぼろの鎧兜を身にまとった亡霊戦士たちの行進もある。あるいは一年間に死んだものたちの霊が行進をすることもある。それに出会って、言葉をかわすと、死の行列に引きこまれてしまう。日本では少しちがうが、「狐の嫁入り」などといった怪異がある。

空中の怪異では、カナダでは「空飛ぶカヌー」にフランスのワイルドハントの名前、ギャルリー狩りの名前がついていることがある。森の木こり小屋で冬ごもりをしている木こりたちが町へ行ってブロンド娘と踊ってきたいと思うと、空飛ぶカヌーがおりてくる。それに乗りこんで町へ行って楽しんでくると、帰りにカヌーに乗っている悪魔に鞭打たれてひどい目にあう。開拓期のカナダではカヌーが唯一

空飛ぶカヌー
（アンリ・ジュリアン画　19世紀後半　ケベック国立美術館）

の交通手段で、ことに積雪期には雪に閉じこめられると空飛ぶカヌー以外に町へゆく手段はなかった。また女気のない森の木こり小屋では、「町へ行ってブロンド娘と」という願望が唯一の放蕩の夢だった。町までゆくには馬があれば馬橇でもよかっただろうが、木こり小屋に閉じこめられているあいだは、馬は使えなかったようだ。

ヨーロッパの「呪われた狩り」では馬蹄の響きが空にとどろく。ヨーロッパの狩りは馬に乗って鹿を追いつめるのである。狩人たちが大勢、馬に乗って駆けめぐる。これは例えばヘラクレスが馬群をうばってヨーロッパの辺境を経めぐった情景にも重なる。亡霊の馬の群れが空を駆けるのである。

ヘラクレスは地獄の番犬ケルベロスを捕獲するために冥界に下った。しかし、その前に経めぐったところも地の果てであるヘスペリデスの園であり、あるいはコルキスのエキドナの洞窟だった。それは「神界からも人界からも遠く離れて、そんな地の底、うつろな岩の下に彼女の洞窟がある」「アルモリ人の国の地の下」である。ヘスペリデスは西の果て、アルモリ人の地は東の果てである。そこからさらに地下にもぐる。そこでヘラクレスはエキドナと交わってスキタイ人の祖を産ませた。エキドナは下半身蛇身だが、スキタイ人たちは人間である。しかしそこはギリシャ文明圏のさい果てで、そこから展開したスキタイ人は北はシベ

ヘラクレスとケルベロス
（ピーテル・パウル・ルーベンス画　1636 年　プラド美術館）

リアにまで行った。その流れがツングース族となって、朝鮮半島を経て日本にまでギリシャ文化を伝えたとされる。

島国のエルサレム

ヨーロッパからは離れるが、キリスト教圏のフィリピンに「バナハウ山とエルサレム」という話がある。ある老人が山に登ってゆくと一本の道が目にはいった。その道をゆくとつきあたりに洞穴があった。「なんとそこに、もう一つの世界があった」。「空が広がり、太陽がさんさんと照っていた」「その世界には、自分が住んでいる世界とは違い、奇妙なものがたくさん」あった。どうやらそれはローマ時代のエルサレムだった。「老人は直感で、そうか、ここはローマ総督ピラトがイエス・キリストを処刑した場所なのだ、とわかった」。山中の洞穴に異界が現出するというのはよくある話である。ただそれが違う時間の違う場所だった。一〇〇〇年前の遠く離れたエルサレムがフィリピンの島の上に現出するのだ。

山中の洞穴にしろ、滝つぼの向こうの秘境にしろ、そう

キリストの磔刑
(ルカス・ファン・レイデン画 1517年　ロッテルダム、ボイマンス・ヴァン・ベーニンゲン美術館)

いったものとイギリスやケルトの「妖精の丘」はちょっとちがって、アルプスの山中の牧人しか足を踏み入れない荒れ地の洞穴などではなく、イギリスやアイルランドでは普通の牧草地のむこうに妖精の丘があって、それが年になんどか、特定の祭りの日に開いて、妖精たちが出てくる。暦の上でも死者の日や光の日のように決まった日にこの世と妖精の世界をへだてる隔壁が開いて、異界の住人たちがこの世へやってくることが、昔話などに報告されているが、『世界の民話 6 イギリス』の「聖ジャストのガンプ丘の妖精の祭り」は、宮沢賢治のポラーノの広場にも似た雰囲気の妖精の祭りを描いている。その時、音楽が鳴り響いて「丘が彼の前で開いた」「いまやありとあらゆるものが色とりどりの光の中で燃え上がっていた。どの草の茎にもランプが下がり、どのエニシダの茂みも星で照らされていた。丘の開いた口からは、小さい妖魔の大群が、進んできた。それから楽師たちが果てしもなく出てきた」。「彼らは天使だけが聞いたり味わったりすることができるような快い旋律を奏でた」。

子蛇報恩

同じくフィリピンの昔話で「親切な行為」というものがある。ある人が歩いていると、あるものが蛇を殺そうとしている。そこで小銭を出してその子蛇を買い取り、放してやる。日本ならそのお礼に竜宮に招かれるところだが、ここでは、その子蛇がドラゴンの洞穴へ招待する。そしてドラゴンの王様が出てきて何が欲しいかというので、子蛇の入知恵で、欲しいものが出てくるナプキンを所望する。これは世界の昔話分類ではAT五六三の「ナプキン、棒、ロバ」あるいはAT五六〇の「指輪」などヨーロッパの昔話に使われる魔法の品物である。指輪の場合は海に落ちて、それを魚が呑み込んでしまうのを釣り上げる話になったりして、竜宮譚と似たシチュエーションがみられるが、動物報恩が竜宮（異界）への招待になるのとは異なっている。もちろんドラゴンの洞穴はそこに招かれれば、なにひとつ不自由のない歓楽郷であるにちがいないが、それがどこにあるかというと海のかなたでも、海の底でもなく、山中であっても、人の行かない秘境というわけではない。あえていえば魔法の領域ということだろう。

しかしフィリピンの昔話には海中の宮殿も登場する。「魔法の指輪」では、王妃の美しさについて侮辱されたと怒った王が主人公に、王妃より美しいという海の女王を連れてくるように要求する。[71] そのために主人公は魚の王様の背に乗って、目を閉じて竜宮へゆく。目を開けるとそこは美しい家の中の金のベッドの上だった。海の女王は彼に魔法の指輪を渡して、それに六度触れて女神の恩寵をこいねがえば願いがかなうだろうという。主人公は厚く礼をいって、また魚の王の背にまたがって、地上に戻る。魚に乗って竜宮へ行く話は日本以外ではめずらしい。

失われた妻を探す

世界の昔話分類AT四〇〇番、「失われた妻を探す男」は、いったん獲得した異界の女を彼の禁忌背反の結果失って（囚われの魔人を解放してしまって）、はるか地の果てまで探しにゆく。そしてそこで、魔人から難題を課されて妻を再度獲得する。日本でも「梵天国」などは同類の話である。

マリア・モレーヴナ
（イワン・ビリービン画　1903 年）

鬼に米粒を食べさせる、あるいは水を飲ませる結果、鬼が縛めをこわして逃げる。その際、男の妻をさらってゆく。男はそのあと梵天国まで妻を探しにゆくのである。

あるいはロシアの「マリア・モレーヴナ」だと（これはハンガリーの「勇士ヤーノシュと竜」でも同じだが）、地の果てに毎日世界中を乗りまわす馬を飼っている老婆がいて、そこへ、その馬をもらいにゆく。老婆は彼に難題を課す。それを三日で解決する場合もあれば、三年かかる場合もある。しかし、その馬を手に入れると魔人のところから妻をつれて逃げることができる（ここでは呪的逃走は使わない）。

地下世界はふつう、井戸の底にあって、綱を下ろして降りてゆくが、綱を切られるとしかたなく、地下の国々を経めぐって、最後に鷲の背中に乗って地上へ帰る。

悪魔の娘

ヨーロッパの昔話で「異界」といえば、世界の昔話分類AT三一三番「悪魔の娘」の、主人公がでかけてゆく悪魔の城である。フランスの類話では途中の湖で白鳥処女をみつけて、衣をとって、悪魔の城まで案内させる。その白鳥が悪魔の娘である。悪魔の城では「危険なベッド」の試練のあと、[72]森を伐採して小麦を播いてそれを収穫してパンにするといった農耕試練をうける。そして最後に娘とともに魔法をつかって逃げ出す。世界中に広まった話だが、日本ではスサノオのところからスセリ姫をとってくるオオナムチの話、あるいは「天人女房」の話になる。アフリカの話で（『世界の民話 7』）、「シクルメと魔法使いの酋長」では、シクルメが魔法使いの娘をもらいにでかける。魔法使いの家につくと、途中で会ったネズミの忠告どおり、「真ん中の門をくぐらず、空の小屋でひとりで眠らず、朝食では敷物の上に座らない」という三つの禁忌を守って無事に試練をとおり抜け、娘と一緒に逃げ出す。途中、魔法使いが追いかけてくるのを、持っていた卵、ひょうたん、小石を投げて、霧の壁、大きな湖、険しい山をつくりだして逃れる。農耕試練が欠けているが、異界での冒険は法則通り三つの試練であり、逃走にあたっては三つの呪物を投げて障害物をつくっている。

悪魔の城は人の好んでゆくところではない。危険がせまったから逃げだすのではなく、はじめから逃げだすつもりでゆくのである。その際に鬼の宝物を盗んでくるのは、かならずしも本来の旅の目的ではなかった。それは「天人女房」の場合をみれば明らかである。天人女房の夫は天の

ハデスと、プシュケーに美の箱を渡すペルセポネ
（シャルル・ジョセフ・ナトワール画
1735 年　ロサンゼルス郡美術館）

畑で瓜を切って大水を出して地上へ押し流されたり、天の川によって女房とへだてられたりする。宝物の奪取は語られない。逃亡譚も必ずしも随伴していない。が、世界の昔話分類AT三一三番に属する物語ではマジックフライト（呪的逃走）はほぼ必須である。異界は魔法を使って逃げてくるところなのである。そこに住んでいるものも「魔法使い」「鬼」「悪魔」である。そこで女房の舅として仕えて楽しく日々を送るべき存在ではない。これは天人女房の父親にしても同じである。しきりに難題をふっかけ、あわよくば地上の人間など追い払おうとしている。そもそもが、最初からこの舅の眼鏡にかなって結婚を許されたわけではない。飛び衣を奪うという策略によって天女に地上の嫁になることを強制したのである。[73] 天界も異界ではあるが、好意的な異界ではない。三一三番の異界も好意的であるにはほど遠い。

これはヘラクレスの訪れたハデスの国でも同じことで、長居をしたくなるような桃源郷ではない。しかしそれと同時に、そこの住人、すなわちハデスとペルセポネは、地上、あるいは天上の住人と変わるところのない神々である。天女の夫が訪れた天界が、神々の世界であったかどうかは不明だが、異界には異人が住むとしても、体躯、容貌、風俗においてはなはだしく地上と異なっているわけではない。その点は「遠野物語」などに語られた「山人」などとちがうところで、こちらでは髪は赤く縮れていて、鼻は巨大で、体躯も巨大で紅毛異人を思わせる。

スラブ世界にはズメイ（竜人）という怪物がいて、ドラゴンとも呼ばれるが、ほかの地域のドラゴンとはちがって、蛇体ではなく、体躯容貌は人間のそれで、ただ、魔力を持ち、空を駆けることができる。これが容易に近づけぬ山の中の城に住んでいる。

妖精の国を訪れた女

スコットランドに「冥府を訪れた女の話」がある。実際には冥府ではなく妖精の国を訪れた女の話だ。女は半年にわたって妖精の子供を預かって育ててやった。そのお礼に妖精の国へ案内されたのである。妖精の国は日の当たる緑の丘の中腹にあった。妖精が呪文をとなえると芝生が上がって中へ入れるのだった。それは美の国で、木々がくまどっている緑の丘、日光に輝いている水晶のような流れ、磨きたての銀のように光っている湖水が点在する風景が開けていた。しかしそこにはまた、人々が苦し気に働いている麦畑もあった。妖精は、それは生前のおこないを償っている罪びとだといった。妖精の国が死者の国につうじているのだ。

妖精の国では歌人（詩人）トーマスが招かれたところもあった。彼は妖精女王に招かれて、七年を妖精の国ですごした。その後、地上に帰ったが老齢になったとき、ふたたび妖精の女王が現れて、「時がきた」と告げた。彼は「女王とともに乳白の馬に乗って、浅瀬を渡って進んでいった」。「そのトーマスは、今でも仙女の国に住んで、夏の初めになると、仙女の群れとともに馬に乗ってやってくる」。妖精の国は死の国でもあったのだ。しかし、その国に行く前の広野では、三つの道があり、天国へ行く道、罪びとのゆく邪悪の道、そして妖精の国へゆく道があった。つまり、死の国といっても、そこは天国でもなく、地獄でもないところである。

（『スコットランドの神話伝説』世界神話伝説大系39）

異郷譚

ルーマニアの昔話「花が歌うイレアナ」は異郷への旅を

物語る。禁断の湖のほとりで眠り込んだ王子のところへ妖精がやってくる。しかしどんなに接吻をしても王子は目を覚まさない。それが三日つづいた。そしてそれっきり妖精はやってこない。異郷の妖精の城に戻ってしまったのだ。王子は妖精を探してあてのない旅に出る。ある日ついに彼はこの世の果てにたどりつく。昼なお暗い深淵のなかにおりてゆくと、水車小屋があった。そこへイレアナの城から毎日粉を取りに鷲がやってくる。王子はその鷲の背に乗って城へゆく。イレアナと王子はただちに結婚をして、夢のような生活をする。しかしそこには開けてはいけない部屋があった。イレアナを追いかけている竜人（鬼）がそこに閉じこめられていた。王子がそこへ入ると、竜人は縛めを断ち切って飛び出してゆく。日本の説話「梵天国」などでも似た状況が語られる。イレアナは竜人に彼の命のもとを訪ねる。そして地の果ての「疫病の妖婆」が飼っている馬が竜人を倒すことができることを聞き出す。これは「体外の魂」と同じようなものだ。無敵の巨人を倒すには森の木の洞のなかにいるウサギをつかまえて、その胎内にある卵を取り出してそれを割ればいいといった話だ。王子の場合も老婆のところに行って、難題を解決し、魔法の馬を手に入れて戻ってきて、妖精と一緒に逃げだす。追いかける竜人は魔法の馬によって殺される。

ブルガリアの昔話にも「金のリンゴ」の話がある。庭に金のリンゴがなる木がある。しかしそれが熟するころを見計らって地下の魔王が取りにくる。三番目の息子が番をしていてリンゴを守った。しかし魔王を退治しなければ安心できない。兄弟三人で、魔王を探しにゆく。血のあとをたどってゆくと井戸のところへつく。そこで縄をつたって、井戸のなかへ入る。しかし魔王の王国はさらにその下だ。末っ子は無事に魔王を退治したが、縄を切られたので地上には戻れない。そこに鷲がやってきて、地上まで運んでくれる。この話は世界中で語られている。日本では諏訪本地、甲賀三郎譚だ。甲賀三郎は地下の諸国を経めぐる。草底国、雪降国、維曼国などという国もある。甲賀三郎譚にあって、ほかにないモチーフは蛇への変身のモチーフだ。地下を経めぐっているあいだに蛇体になっていたのだ。それが諏訪明神の神徳で、蛇体を脱することができる。

日本では異界は地下であることが多いが、チェコでは地下であっても金色の川が流れ、黄金の丘が輝き、真ん中には青々とした芝生が広がって、たくさんの花が咲き乱れている（『チェコスロバキアの民話』）。そこへゆくには部屋の真ん中にあいた深い裂け目に吸い込まれてゆく。少年は神隠しにあったのだ。それを勇敢な少女が助けた。少女も一緒にその「異界」へ行った。その思い出に金の枝と銀の枝を取ってきた。

神隠し

『ユダヤの民話』にも神隠しとみられる事例が紹介されている。「仕立て屋と悪しきハマンの子孫」で、ユダヤ人の王があるとき神隠しにあう。「その時、彼は目には見えない手で押さえつけられ、高く持ち上げられると、その壁が天にまで達している墓場のなかに投げこまれた」。そこに乞食がやってきて、王に木こりの仕事をあっせんする。一年が経つと乞食はまたやってきて、とある村の執事にあっせんする。三年経つと同じ乞食が今度はとある町の市長にあっせんし、五年経つととある国の国王の地位につける。しかしあるとき海岸を王妃と子供たちとともに歩いていて、高波に家族をさらわれて悲嘆にくれるが、気がついてみると元の王宮にいて、乞食が彼に、時計を示し、王はその一五分のあいだ、神の試練をうけていたのだと告げる。その一五分のあいだ、王は一〇年の試練をうけ、木こりから市長、国王の地位を転々としていたと思っていたが、王宮では王の姿が見えなかったのである。この場合の神隠しは神による試練だった。彼はユダヤ人たちを迫害する布告を取り下げた。一〇分や二〇分のあいだに一生の栄華をきわめた夢をみたという南柯の夢の場合と同じだが[74]、周囲のものには、夢をみている男が木の下で眠っているのを目撃しているだけで、神隠しはおこらない。

隠れ里

『アフリカの神話伝説』（世界神話伝説大系 1・2）にある話だが、ある男が棕櫚の核を追いかけて、穴のなかに入りこんで、人影もなく、物音もしない街に入りこむ。そこで一人のおばあさんに会って、言われたとおりにすると、食べ物が好きなだけ出てくる太鼓が手に入る。トリックスターのアナンシがそれを真似して、蛇や蛙が飛び出してくる太鼓を手に入れる。日本のネズミ浄土などと同じ豊穣の里だが、地下にあるひっそりとした街は死者たちの町を思わせる。地下や海底に別世界があるという想像は、昔話に普遍的なものだが、日本の「鶯の里」のように見てはならない部屋などの禁忌が課されているのが普通である。ヨーロッパでは「金のリンゴ」「金の鳥」のたぐいが、地下の別世界を物語る。黄金のリンゴを取ってゆく怪物をさがして地下へもぐってゆくと、傷をうけてうめいている王女がいる。その王女の傷を治してやって、三人兄弟の末の王子が結婚をする。これも死者の国である。少なくとも地上とは別の論理が支配する別世界である。日本の「鶯の里」では地下ではなかったが、山中の隠れ里で、滝の裏側に開けた桃源郷であることもあるが、死者の国のにおいは日本では希薄である。同じ鳥妖精の話でも、フランスの「青い鳥」は、ゲルマン神話研究者のクロード・ルクトゥに言わせれば死者の国の話である。スラブ圏でよく語られる怪物婿の話でも、三人の王女をつぎつぎに嫁にもらいにくる怪物は鷲や隼の姿の異類で、彼らが住んでいる城もこの世からは隔絶した別世界である。鳥は死者の霊がとる形である。スラブ圏ではこれを「竜人」（ズメイ）ということもあるが、この「竜」は精霊といった意味である。彼らが住んでいるのは地の果ての城で、そこまでゆくのに、鷲ならあっというまに飛んでゆくが、末の王子が探しにゆくときは、何日も困難な旅をつづけてたどりつく。

四、日本・中国の異界

仙境譚、鶯の里、天人女房、竜宮訪問譚、ネズミ浄土、あるいは鮭の大助、さか別当の浄土、甲賀三郎など、日本の昔話、説話でも異界の消息を物語るものは少なくない。それらをここで一瞥してみよう。

甲賀三郎

まず甲賀三郎だが、これは関敬吾の『日本昔話大成』では「二人兄弟」となって、鹿児島の話が紹介されている。あるとき殿様の一人娘がどこかへつれていかれた。大騒ぎになるが、山奥に住んでいる二人兄弟が、さがしてこようという。山のなかで怪物がでて、それを鉄砲で撃つと姿が消えたが血のあとがついている。それをたどってゆくと大きな洞穴に出た。弟が下へ降りる。そこをゆくとクモの怪物がいる。それを退治して姫を穴の上にあげる。兄が綱を切って、姫を連れていってしまう。弟は地下の国に三年とどまる。三年後の九月二十三日の夜、月が舟になって降りてきて、弟を乗せて地上へ送り届ける。親切な老婆が彼を介抱する。元気になって御殿へゆく。そこで身を明かして、姫と結ばれる。「甲賀三郎」では地下の国をめぐるうちに蛇になっている。地下脱出のあと、蛇体を脱するための試練がある。

鮭の大助

鮭の大助は『日本昔話大成』では「簗掛け八右衛門と鮭の大助」となっている。山形の話である。鮭が北上する南限であろう。八右衛門は牛方である。あるとき鷲が飛んできて、牛をさらってゆく。復讐をしようというので、熊の皮をかぶって待っていると案の定，例の鷲がやってきてさらってゆく。鷲は山越え、野越え、広い海を越えて、島のはしの鷲の巣につく。男が途方に暮れていると鮭の群れがやってくる。その中の一番大きな鮭の背に乗って、十月二十日の恵比寿講の日に最上川にさかのぼって故郷へ帰る。以来、その日には鮭を捕らないことになった。鷲の巣のあったところは海中の島で、その島を探検すると竜宮のような御殿があって歓待されたかもしれないが、ここでは異界逗留譚にはならない。魚に乗って帰るという話ではギリシャではイルカに助けられたアリオンの話がある。鷲に運ばれてこの世と異界とを往来するのは、異界からの帰還で使われるモチーフである。ただし、それらの異郷譚では旅の間の食料として鹿の肉一〇〇頭分を用意したりする。

さか別当の浄土

魚を釣っていると美しい女人があらわれて異界へ案内してくれるというのは、鷲にさらわれるのとはちがうが、川べりの驚異で、こちらでは竜宮がある。『日本昔話大成』では「さか別当の浄土」という。新潟の話である。分布は山形、宮城にかぎられる。主人公は魚釣りの好きな男で、屋根の葺き替えをしようというので、村人たちにきてもらう。村人たちは、おまえは魚釣りの名人だから、魚でも釣っていてくれ。そのあいだに屋根も葺き終わるだろうという。そこで川へいって魚釣りをしていると美しい女があらわれて、「さか別当の浄土」へ案内する。しばらく目をつむっていると、立派な御殿につく。美しい女たちがいっぱいいて、ごちそうが出る。踊りもある。毎日夢のようにすごしているうちに、婿になってくれといわれて、承知するとやがて子が産まれ、孫もでき、ひ孫までできる。そのころになって、故郷のことが思い出されて、矢も楯もたまらず帰らせてもらうと、故郷の彼の家では屋根の葺き替えの真っ最中だった。ここでは異界の一〇〇年がこの世の一時間ほどなのである。「南柯の夢」と同じであろう。竜宮へ行った山幸の話でも、時間の経過は語られないが、竜宮では数年が経っていたはずだが、地上へ戻ってみると、兄の海幸はまだなくした釣り針を待っていた。時間の流れでは浦島型の逆なのである。

穴の底

「地下の国」という話が『日本の民話　越後編』にある。地蔵の祭りのときに子供たちが大きな穴をみつけて大騒ぎになる。だれか穴に入って見てこようということになり、爺さんが穴におりる、三日おりてもまだ底につかなかったが、四日目に底につくと、大きな町で、家が建ち並んでいる。ところがだれもいない。ようやくひとりだけ女が出てきたので聞くと、ヤマネコの大きいのが出て人を食うという。爺は筆と紙をもらって猫の絵を描いて、それを壁にはって寝る。夜中になるとヤマネコがやってきたが、それにたいして爺の描いた猫が立ち向かい、大立ち回りのすえに、ヤマネコが殺される。女は喜んで、婿になってくれといったが、まず、村へ帰ってくるといって、穴からもとの村へ戻ってみる。ところが様子がちがって見慣れない村だ。いろいろ聞いてみると、そういえば三〇〇年前にそんな話があったという。竜宮で怪物退治をする話は俵藤太の話でも作帝建の話でもあるが、こちらは地下の国である。

根子岳

阿蘇の根子岳は猫岳といって、猫の王がいるところだという。年の決まった日には日本中の猫が集まるともいうが、『日本の民話 阿蘇編』では、山中で迷って猫の王様の家へいった旅人が、風呂へはいれと言われてその気になったところへ、五年前に世話になった猫だという女中がやってきて、早く逃げないと危ないという。あわてて逃げたが女たちが湯桶をもって追いかけてきて、その湯をかけた。湯がかかったところに毛が生えてきたという話である。薩摩のほうでは「猫が島」の話も隠れ里のひとつとして語られる。

熊本県阿蘇カルデラの根子岳

歌川国芳《猫のすずみ》

死んだ妻を冥府へ探しにいったオルペウス型の話は関敬吾の『日本昔話大成』では「天の庭」で、沖の永良部の話となっている。那覇の姫君を嫁にさらってくると、その兄弟が追ってくる。それを退治すると、妻が兄弟を殺されたといって嘆いて、井戸に身を投げる。その姫の魂を求めて天へのぼる。そこで姫に再会し、試練を経て、なんとか姫の魂を紙袋に入れてもらってくるが、途中で袋を開けてしまう。しかし、故郷へ帰ってみると、姫が生き返っている。この最後のところは、袋から飛び出した魂をもう一度探しにいかなければならないはずだが、省略されているのだろう。世界の昔話分類ではAT四〇〇番「いなくなった配偶者を探す話」である。中国に類話があると関は指摘している。

天人女房

これも日本国中に分布している。発端は白鳥乙女である。白鳥乙女が山の湖へやってきて飛び衣をぬいで、湖で水浴する。そのうちのひとりの飛び衣を隠してその天人を嫁にする。やがて子ができるが、その子がきれいなおべべが天井にあるという。それを探し出して、天人は天にのぼってゆく。男はそれを知って女房を探しにゆく。成長の早い木を植えて牛を千頭とか、草鞋千足といった莫大な肥料をやるという場合、あるいは一日で天までとどく朝顔などのつる性の植物の場合などがあるが[75]、男はなんとか天にのぼって女房と再会する。しかし女房の父親が難題を課す。森を切り払って畑にして、種を播いて一日で採り入れろなどという。試練は三日、三回繰り返される。しかしこれは種を播いて採り入れるのを一日ですませろというのを地上の論理でいえば、一年かけて採り入れるのだから、一年、あるいは三年が経っているのである。最後の試練で、天の瓜畑で瓜を採るのに、食べてみてはいけないというのに切って食べてみるとそこから大水が出て、男が流されて地上に落とされる。あるいは天の川ができて、女房とはその両岸にへだてられる。いずれにしても天まで行って再会した女房とまた別れなければならないのである。ヨーロッパの類話では、艱難辛苦の果てに再会した王女と幸せな結婚をして終わる話が多いが、日本では別離で終わる。これは河合隼雄にいわせれば日本型の別れの美学ということになる(『昔話と日本人の心』)。が、また去ってゆく女をただ茫然と見送る鶴女房型の場合は、日本の男の甲斐性のなさを示しているともいえる。

「天人女房」で、主人公が天で課される試練は雑穀焼畑文化である(服部邦夫ほか)。しかし下界では水田耕作をおこなっているのである。また、飛び衣の隠し場所が稲積の下である例をもって、水田耕作文化ともいうが、世界的にはこのタイプの物語が語っているのはむしろ小麦耕作文化である。高天原の場合は先進水田耕作地帯とみられ、下界は稲を知らないか、あるいは、耕作のしかたが遅れている地帯である。スサノオが高天原で畔をこわしたりしたのは、スサノオが焼き畑を代表し、アマテラスが先進的な水田耕作を実践していることにあたるだろう。そのスサノオが殺したオオゲツヒメの死体から五穀と稲が出たのは、稲を陸稲とするならすべて焼き畑の作物である。

スサノオの根の国が野焼きの耕作をしていたのは神話としては確かである。オオナムチが課された野焼きの試練がそれを示している。アマテラスが高天原に水田を持っていたのもテクストに明示されている。オオゲツヒメの死体から化成したものがなんであったかといえば、五穀と陸稲だろう。そして三一三番の国際昔話話型では麦である。物語が伝播してくるプロセスと技術の伝播が同時であったり並行していたりするとすれば、根の国はその農耕文化で遅れた地帯であり、殺された女神ハイヌウエレに代表される話は、実際に語られた時代は別にして、それよりもさらに古い時代を示しているだろう。芋栽培の起源の話である。

天人女房の住んでいる天では、高天原と同じく、畑作や稲作をおこなっている。地上でも山中には桃源郷がある。あるいは隠れ里で稲作をやっている。地下でも根の国では焼き畑耕作をしている。一方、いわゆる天国としての天があり、地底の死者の国があり、地上に苦の国がある。異界はそれぞれの世界に並行して存在しているのである。そしてそれぞれに天女がいて、竜女がいて、秘境の妖姫がいる。日本神話には天上、地上、地下の三層の垂直構造があるなどというが、天と地上と地下の三層がない神話は世界中にどこにもない。しかして、そこには「別高天原」（佐藤正英）があり、隠れ里があり、黄泉の国の裏返しのような根の国がある。天・地・地下の三層にそれぞれアナザーワールドがあるのである。そのような、裏と表の二重世界が日本神話の特色なのである。あるいは日本ではいたるところに異界があるといってもいい。竜宮も川の底にも、海の底にもどこにでもある。高天原でさえ、どこにでもあるのである。スサノオがかけのぼっていった高天原、そこから降りておろち退治をした出雲の簸の川の上空、ニニギノミコトが降臨をした高千穂の上空、これらはみな同じではなく、日向にあったり、出雲にあったり、大和にあったりするのである。常世ですら、常陸の国にも想像される。村にしても国にしても小さな居住範囲で、そこを区切っている境を越えれば、そこはもう異界であり、その上にいくつもの天があり、地の底には、これは山の中のこともあろうが、根の国があり、どこということもないが、けっして人跡未踏の地ではない遠国に常世があり、それは里近くの山の上でもありうるのである。常世あるいは仙境である。

下界の仙境

『伽婢子《おとぎぼうこ》』にある話。太田道灌のころ、あるものが井戸を掘らせたが、いくら掘っても水が出ず、地中に犬の鳴き声などが聞こえ、横穴をとおってゆくと、空が抜けて、青天白日が輝き、宮殿楼閣がある。そこをさまよって地上へ帰れば、すでに数十年が経っていた。

伊勢兵庫仙境に至る

同じく『伽婢子』に出る。北条氏康の命で南海に伊豆諸島よりさらに南を探りに行った伊勢兵庫が南風に流されて、とある島にたどりつく。岩々は瑠璃色もあり、白亜もあり、赤いものもある。花ばなもことごとく、めずらしいものばかりで、絢爛と咲きほこる。きけば、補陀落山《ふだらさん》に近いところで、かつて補陀落舟が立ち寄ったこともあるという。伊勢兵庫はそこに住みついてみようとも思ったが、主君の命もあり、復命せざるをえないと舟に乗って、風に送られて、伊豆の浦に帰りついた。しかし主君はすでに病没していまは亡く、兵庫は世をはかなんで、腹を切って死んだ。この最期は「時じくのかくの木の実」を取りに常世へいった田道間守《たじまもり》の場合と同じである。

死の国・熊野

日本の本土のなかの異界としては熊野があげられる。とくに妙法山阿弥陀寺《あみだじ》には全国の死者が樒《しきみ》の枝を持ってやってきて、鐘をひとつついてゆくといわれている。阿弥陀寺の鐘はだれもいないのに鳴るともいう。死者が鳴らしている姿が見えないのだろう。

また那智から本宮へ抜ける雲取越は死出の山越えともいわれ、そこを歩いていると死んだ肉親によく会うといわれる。また那智の浦からは補陀落渡海の舟が出たし、熊野の先の岬からはスクナヒコナが、常世へむかって飛んでいった。そういったことから、豊島修は「死の国・熊野」といっている。「熊野地方は、いつともしれないころから、死者の国とされていた」（筒井功『村の奇譚里の遺風』）ともいう。

妙法山阿弥陀寺の「亡者のひとつ鐘」

熊野那智参詣曼荼羅（1600 年頃　熊野那智大社）

神隠し

『遠野物語』に「寒戸《さむと》の婆《ばば》」の話がある。「松崎村の寒戸というところの民家にて、若き娘なしの木の下に草履を脱ぎおきたるまま行方をしらずなり。三〇年あまり過ぎたりしに、ある日親類知音の人々その家に集まりてありしところへ、きわめて老いさらぼいてその女帰り来たれり。いかにして帰ってきたかと問えば、人々にあいたかりしゆえ帰りしなり。さらばまたゆかんとて、再び後をとどめず行きうせたり。その日は風の激しく吹く日なりき」。この話は佐々木喜善の話では少し様子が変わっているが、どちらが本来の伝承に近いのか、どちらも創作の手が入っているのかわからないが、三〇年どこかへいっていた女が帰ってきたという点では違いはない。どこへ行っていたかについてはこの女はなにも語らなかったようである。したがってこれを神隠しといっていいのか、たんに山中や異郷に去っていった女の物語とするべきかわからないが、天狗がさらっていって数日後に戻ってきたという場合には、神隠しに近くなる。女の場合は山人の嫁になっていた可能性が高いだろう。しかし「風の強い日」だったというところは、神秘の介入する余地をうかがわせる。平田篤胤の報告した寅吉などの少年の場合はたしかに神隠しである。[76]

「天人女房」にしろ「死者の国」にしろ、異界へ行った人の話はあくまで、その人を中心にした話で、地上へ帰ると彼は死んだものとされている。その、地上に残されたものの視点で物語った異界譚が神隠しの話で、だれかいなくなったというので、鉦太鼓で捜しまわる。そして何日も経ってもみつからないので、死んだものとして弔いを出す。するとしばらくしてひょっこり帰ってくるが、それまでのことは地上の言葉では何一つ語れない。なにがどうなったかわからないが、おいしいものを食べ、楽しい思いをしていたといっても具体的にどんな建物で、だれがいたのかとなると細目は茫漠としてしまう。異界へ行ったものの視点で語れば、竜宮も山のなかの隠れ里でも四季の座敷があったり、美しい娘にかしずかれたりする。その間、地上ではいなくなったものを捜し疲れて、死んだものとして意識から消し去っている。まれに、死者への供え物などが、異界での食べ物になることもあるが、ふつうはこの世の生活とあの世のそれは別な次元に属している。神隠しは残されたものが語る物語であり、天人女房などは、異界へ行ったものの物語である。両世界を自由に行き来するものの物語はめったにない。ただし空中飛行などの話は魔法の指輪を回せば、あっというまに王宮の王女のかたわらへ行ったりするので、これは神隠しにあったものが、目をつぶっているあいだに竜宮まで飛んでゆくのと同じで、魔法が働いている物語のなかでは、異界からさらに別世界へ飛んでゆくこともできなくはない。その場合も、それまでかたわらにいたものにとっては、主人公の姿が消えてしまうので、一種の神隠しにちがいない。主人公としては魔法で思うところに飛んでゆくのであり、そのとき周囲にいたものには、主人公が突如いなくなったと思うと、またすぐに姿がかたわらに見えるので、キツネにつままれた思いがするだろう。そのような驚異の場に立ち会ったものの目からは、主人公はそのあいだどこに行っていたのかわからないので、異郷譚は成り立たないともいえる。魔法飛行譚でも、隠れ蓑譚でも、本人は魔法であることを承知している。神隠し譚では、本人は天狗にさらわれたと思っているが、目をつぶっているあいだに飛んでゆくので、どこを飛んでゆくのかさっぱりわからない。どちらの場合も周りにいたものたちには、なにがなんだかわからない。そこでは神隠しの場合でも異郷の様子を物語ってても理解はされないのである。

鶯の里

「鶯の里」は日本全国に分布している。関敬吾の分類では異郷譚とはされていないが、鶯の一文銭をもらってくるという結末の場合を主とすれば、呪宝譚である。が、たいていは開けるなの座敷を開けてしまって、試練に失敗し、異界の屋敷も消え失せる。発端は山中でゆき暮れて、立派な屋敷があるので、宿を請うところから始まる。美しい女が出てきて歓待する。女はしばしば留守をする。そのあいだにここだけは開けてはいけないという座敷があり、その他の部屋は「四方四季」の庭である。十二の座敷があって、十二か月の庭があることもある。最後の座敷が問題で、これを開けると梅の木が一本立っていて、そこに鶯が一羽とまっている。その鶯が法華経を千部読んで人間になるところだった。あと少しだったのにおまえが戸を開けたためにいままで読みためた法華経が全部飛んでいってしまったといって、鳥も飛んでいって、屋敷もなくなる。ヴァージョンによっては、梅の木に鶯の巣があり、そこにひとつだけ卵がはいっていたのを男が手にとって落として割ってしまう。すると、それがおれとおまえの愛のしるしだったという声が聞こえる。この場合は子供が産まれるだけの年月が経っていたのである。故郷へ帰ると旅に出ていったときのままで、これは浦島型の逆の山幸型である。時間があっというまに流れていたのは隠れ里のほうで、その間、村では、平凡な日々がたんたんと流れていたのである。それに対して隠れ里では、そもそも十二の座敷を開けるのもそれをひとつ開けるごとに季節がめぐっていたのだろう。この隠れ里での滞在は一年かそれ以上だったはずで、故郷では数年から数十年が経っていても不思議はない。鶯の一文銭型の場合は、一年留守番をしてくれたお礼だといって、一文銭をもらう。それを町へ持っていって見せるとこれは鶯の一文銭といって貴重なものだといわれる。この場合も隠れ里での滞在は一年以上だったはずである。

日向の「隠れ国に遊ぶ」(『日本の民話』)では、山に登ると白髪の老人があらわれて、いいところへ連れていってやろうという。ついてゆくと山のいただきに立派な屋敷があって、老人たちが碁を打っている。それを見ていてしばらくして帰ったら三か月が経っていた。

薩摩にも「高山の隠れ里」という話がある。山中の異界は到る所にあったようだ。それに対して離れ小島が隠れ里だった例は少ない。竜宮の話は報恩譚として、子蛇を助けてやった人が竜宮へ招かれる、山中の異界の場合は報恩譚はない。鶯の里でも男と鶯の関係は鶴女房などとは反対で、男の方にはなんのメリットもないのに、男を歓待するのは鶯の方であり、その鶯の幸せを打ち壊すのは男の方である。

碁打ちの仙境

とある山奥で碁の好きなものたちが毎日碁を打ってい

た。そこへどこからか爺さんがやってきて見ている。どうだ、ひとつ手合わせを願おうかというと爺さんは喜んで碁盤の前に座った。そのうちすっかり常連になって、今度はわしの家へきてもらおうということになって、ずんずん山奥へ分け入っていった。そしてとある滝のところで、この滝のうしろだといって、滝をくぐらせた。その先に行ってみると、見たこともないような不思議な景色で、そこに黒塗りの塀をめぐらせた立派な屋敷があった。それが爺さんの家だったが、みんなはそこに三日逗留して人魚の肉を土産にもらって里へ帰ってきてみると三年が経っていた。人魚の肉はそれを食べた娘がいて、三〇〇歳まで生きたという。

（松谷みよ子『日本の伝説』）

隠れ里

岩手の民話の「隠れ里」は山中にある「御殿のような」屋敷で、とくに金が出るというのでもないが、なにひとつ不自由のない暮らしである。そこに一年いると元の家に帰りたくなる。だれにもその隠れ里のことは言わないという

「隠れ里」
右下にネズミ浄土のような隠れ里が描かれている。
（鳥山石燕『今昔百鬼拾遺』1781 年）

約束で家に帰る。家では三年目の法事をしているところだった。そこに集まっていた人々にはどこに行っていたのかについてはいい加減なことを言っていたが、女房にはそれではすまず、隠れ里のことを話してしまった。とたんに「雷に打たれたように」なって気を失う。しばらくして気がつくが、体は麻痺して動かなかった（『岩手の民話』日本の民話）。

　日本の異郷譚は浦島の物語、トヨタマヒメの物語で、ほかに「竜宮童子」のいくつかのヴァージョンがある。[77] 関敬吾の『日本昔話大成』では、「異郷」の項に「沼神の手紙」「黄金の斧」「珠取」がはいっているが、いずれも一、二をのぞいて異郷逗留譚ではない。[78] いずれも海中、あるいは水中竜宮をめぐる物語だが、異郷譚としては山中の桃源郷の話や鶯の里があげられよう。『老媼夜譚』の「雉子の一声の里」なども、家を追い出された女が身を寄せた小屋のあたりは酒の泉の湧く土地で、その酒を売って長者になるので、山中桃源郷のひとつであろう。浦島も古典のヴァージョンでその地を蓬萊とし、「とこよ」と読ませているものがあり、

「鍛冶が嬶」
（竹原春泉『絵本百物語』1841 年頃）

竜宮といっても海中とはかぎらないようである。[79] あるいは逗留譚ではないが、「旅人馬」が山中の妖姫の怪異を語っている。山中に妖姫が住んでいて、旅人を馬に変えてしまうのだ。泉鏡花の『高野聖』の世界である。竜宮の話ではミャンマーのクン=アイ説話のように、見るなという日に外を見ると竜がびっしりとうごめいているので、恐れて逃げ帰った話がある。小説では日影丈吉の『猫の泉』がその

変奏であり、萩原朔太郎の『猫町』も同種のモチーフを使っている。

高千穂町の伝説で、あるとき猟師が道に迷って一軒の家に立ち寄って、ついうとうとと眠って、目が覚めて家へ帰ったところ、死んだとされて三年忌をしているところだった（『日本伝説大系一四』）。

鍛冶屋の婆（峠の怪）

日本の人狼譚ともされる「鍛冶屋の婆」は峠に出る怪異を描いている。峠は村境で、それを越えればときには死の世界が広がる。そんな峠の妖怪譚の代表は「鍛冶屋の婆」であろう。幽霊ではない。

鍛冶屋の婆は化け猫譚だが、なにものかわからない妖怪とされる場合もある。日の暮れ方に峠にさしかかった旅人が、二股杉の上で夜をすごそうとしていると狼たちが寄ってくる。そして互いに肩車をして「狼はしご」をつくって襲いかかる。しかしあともう少しで、旅人のところまで届かない。すると「鍛冶屋の婆を呼んでこい」というものがあって、やがて、鍛冶屋の婆と呼ばれた古狼がやってきて、旅人に飛びかかる。旅人がわき差しで古狼の前足を切ると、古狼はギャッといってころげおち、狼たちもいっせいに蜘蛛の子を散らすように消え去る。旅人が降りてみると切り落とした狼の前足のかわりに人間の腕が落ちている。翌朝になって、ふもとの村へおりて、鍛冶屋をさがして、婆はいるかときくと、夕べ転んでけがをして寝ているという。そこへはいっていって、切られた腕を見せると、わしの腕だといって、それをひったくって逃げてゆく。婆が寝ていたところの床下をのぞいてみると白骨がうず高くつまれていて、ほんものの婆が古狼に食い殺されて、その古狼が婆になりかわっていたことがわかったという。[80] しかし、狼の前足を切ると人間の腕だったのだから、狼の正体はやはり婆だった。あるいは人狼だった。

峠は村境で、異界が始まるところだろう。床下を見ると、というのも、西洋の妖怪譚の屋根裏や地下室と同じく、異界がそこから始まるところにちがいない。この話は旅の女が峠でお産をすると狼が血の匂いを嗅いで寄ってきたという場合もある。前足を切り落としたら人間の腕だったというのは、フランスの伝説でもあり、水車小屋に猫たちが集まってさわいでいるところへ旅人が踏み込むと、ひときわ大きな猫が飛びかかってきたので、前足を切り落としたら人間の腕で、指には指輪がはまっていたという。鍛冶屋の婆でも足を切り落としたら人間の腕だったというのだから、これは婆が狼に化けて出たのである。しかしそのもとは狼が婆を食い殺して、婆になっていたのだ。本当の婆は死んでいる。それがさまよい出て悪さをするとすれば妖怪ではなく幽霊である。本性が鬼であるとするなら、鬼が狼になってやってきて婆を食い殺して、婆になりかわっていたのである。その場合はもとの婆には責任はなく、幽霊ではなく、妖怪の話だが、それがまた峠に出る怪異であるとすると幽霊的でもある。

蘇生譚

『日本霊異記』に数例あり。ひとつは中巻一九　河内の国に心経をつねづね読誦する女がいた。あるとき、病気でもないのに突然死んで閻魔の前に行った。閻魔は女の読誦の声が美妙であると聞くと、その場で読誦させ、感嘆し、女を蘇生させる。

同じく中巻二四　ある男が閻魔王の使いに出会い、供応し、地獄に引き立てられるのをまぬかれた。二五も同様。ただし、こちらは同姓同名の女を身代わりにして蘇生する。

中巻第五話　牛を殺して神を祀っていた男が、死んで閻魔の裁きをうけたが、放生の徳によって罪をゆるされて蘇生した。今昔にも同話あり。ほかも同じ。

上巻第五話　連の公、三法を信敬し、現報を得る話。死んだときも異香ありて香れり、三日経って蘇生し、あの世で聖徳太子に会ってきたと語る。

上巻第三〇話　広国が死んで閻魔の裁きをうけたが、訴因はもとの妻がささいなことをとがめだてたためで、閻魔は「汝に罪なし」として地上へ帰らせる。

『聴耳草紙』に「生き返った男」がある。葬式をしていると死んだはずの男がうめきだす。あわてて棺桶から引っ張り出して、家へ連れ帰るが、男はここは自分の家ではない、自分はどこそこのなにがしという家のものだという。その家を訪ねてみるとたしかに二、三日前にそこの跡取りが死んで火葬にしたところだという。本人にきくと、いったん死んで生き返ったのだが、体のほうは火葬にされてなくなってしまったので、ちょうど同じ日に死んだ男の体にはいって蘇生したという。調べるとたしかに何某の家ではその男のいうとおりだった。火葬と土葬が混在していた日本の風土特有の話だろう。

『信濃の民話』（「日本の民話」）に「地獄からシャバへ戻された話」がある。鍛冶屋と神主と歯抜きがそろって死んで地獄へいったものの、鍛冶屋が鉄の下駄をつくって針の山を越えるように、三人三様の技をふるって地獄を追いだされてこの世へ戻ってくる。

『土佐の民話』（「日本の民話」）の「あの世へ行ってきた男」では、卒中で倒れた男が六日して生き返って冥途の様子を語る。閻魔大王の前で、歌をうたったら気に入られて、この世へ返された。

『玄怪録』の「生き返った妻」は、中国の蘇生譚である。ある女が死んだが、どうやら冥官に虐待されたらしい。夫が都から帰ってきて、冥府の高官にうったえたところ、なんとかしてみようという。取り調べの結果は役人の不正がわかって、七、八人の女を連れてきて、一つに合わせて薬をぬると死んだ女がよみがえった。

中国・唐の伝奇小説集『広異記』に次の話が載っている。知事が易者をとらえて、無礼な態度をなじると、寿命がつきている人間がなにをいうかという。易者をただすと、知事の寿命があと二日残すだけなのだという。どうしたら寿命を延ばせるだろうとたずねると、これこれこういう具合に冥官を接待すればいいという。そのとおりにすると、召喚状の名前を書き換えて、ほかのものを冥府へ連れていった。これは「冥途への身代わり」で、蘇生譚ではないが、死ぬところを助かった話で、蘇生に近いだろう。

中国の怪異研究の第一人者である澤田瑞穂の『地獄変：中国の冥界説』には、「道術ありよく冥府に通じ」た男の話が出ている。死んで三日も五日も経って蘇生し、未来を予言したという。

仇英《桃源仙境図》
(明時代 天津博物館)

桃の実の仙境

中国・唐代の随筆『酉陽雑俎《ゆうようざっそ》』にある。史論は狩りに出て、とある寺で休んだ。大きな桃の実を僧がくれた。その桃がなっているところへ案内してもらった。そこは霊郷のようであった。役所に帰ってから僧を招いたが、行方がしれなかった。

五、文学の中の異界

泉鏡花『高野聖』『龍潭譚』

泉鏡花の『高野聖』については異界論で、すでに何度も言及されている。山中に迷って妖姫の家にたどりつき、そこであやうく馬に変えられそうになる。原形は中国にあるが、類話はヨーロッパにもある。山中の妖姫は『龍潭譚』にもある。燃えるような真紅のつつじが一面に咲き誇る山の中で道に迷った少年は美しい女人に助けられ、「九つ谺の谷」にあるその女人の家にいざなわれるが、夜の間に洪水になってその家は流される。この物語を『龍潭譚』というわれは説明されていないが、荒れ狂う谷川のほとりの村には龍がすむという伝承があるのかもしれない。が、そこは被差別部落であるとも暗示されており、山中の別世界であることはまちがいない。少年は山中で迷って以来、神隠しにあったものとみなされていた。が、事実は山中の異郷に逗留していたのである。そこには「鶯の里」などをみれば、かならずや「開けてはならない座敷」があって、そこを開けると龍が飛びだしてきたりする。あるいは鶯が一羽だけいて、飛んでゆく。この話も故郷の村で男の帰りを待っている家族のものにとっては旅に出て何年も帰らない男は神隠しにあったのだ。

鏡花の作で異界の消息が語られるのは、『草迷宮』だ。魔所といわれる大崩れの先の秋谷の別荘から、脇を流れる小流れに手毬が流れてくる。それに誘われるようにして、諸国一見の小次郎法師がその化け物屋敷にやってくる。すると魔物たちをひきいる女怪が小次郎の夢にかよって、彼がさがしもとめる手毬唄を歌ってきかせる。と、どっと風が吹いて、幻は消えてゆく。

宮沢賢治『銀河鉄道の夜』

ジョヴァンニは草原に横になって空の銀河を眺めながら、いつか眠っている。その前に、文房具屋かなにかの店頭で、はられていた銀河の写真をながめていて、その中をどこまでも歩いてみたいと思っていた。気がつくと銀河鉄道の汽車のなかに座っている。窓外には銀河の光景が展開している。かたわらには友達のカンパネルラがいる。やがて気がつくと、乗っていた船が氷山に衝突しておぼれて死んだ幼い姉弟が向かいに腰かけている。姉弟はサザンクロスでおりてゆく。やがて、列車は急な傾斜をスピードを上げておりてゆく。窓外に真っ黒なブラックホールの穴が見え、まるでその穴のなかにすいこまれるようにして、銀河鉄道の旅は終わる。気がつくともとの草原に寝ている。そして向こうの川のほうでは、人だかりがして、子供がおぼれたという声がきこえる。カンパネルラがおぼれたのだ。そういえば、銀河鉄道でもサザンクロスを越えたあたりで、カンパネルラは姿を消していた。銀河鉄道は死の世界への旅だった。あるいは死んだカンパネルラの死への旅に同行した夢だった。乗客はみな死者たちだった。ジョヴァンニだけが死の世界から戻ってきた。

不思議の国のアリス
（ジョン・テニエル画　1865 年）

ルイス・キャロル『不思議の国のアリス』

童話には不思議の国がいっぱいあるが、その代表はルイス・キャロルのアリスの不思議の国だろう。アリスは白兎が人間の言葉を話しながら走ってゆくのを追いかけて、ウサギ穴に落ちる。地下の世界では、不思議なキノコを食べて大きくなったり小さくなったりする。最後になって夢をみていたことがわかる。『鏡の国のアリス』は続編。鏡を抜けていった世界で、やはり夢の国である。いずれも夢の国としての異界の探検記である。「夢」という説明がないのはC・S・ルイスの『ナルニア国物語』だ。ここでは、少なくとも第一部では洋服箪笥がナルニア国への入り口になっている。

トールキン『指輪物語』

フロドとその仲間たちホビットの住民たちは魔の指輪の呪縛からのがれるために、モルドールの火の穴にそれを投げこみにゆく。マイナスの探索行である。途中万年雪にとざされた高い山を地下坑道をとおり抜けて越えていったり、幽鬼の軍勢と戦ったり、波乱万丈の冒険が繰り広げられる。最後にフロドは使命を成就してホビットの村に戻ってくる。その壮大な旅は「死」との戦いだった。

『西遊記』

取経のため西域へむかう三蔵法師とその護衛をする孫悟

空、猪八戒、沙悟浄たちの八一の難所をくぐり抜ける冒険譚。波乱万丈の物語は読みはじめたら最後まで巻をおかせない魅力に富んでいる。彼らの通過する地域はすべて異界と言っていい。その旅は往々にして『オデュッセイア』にも比せられる。

シャルル・ノディエ『夜の悪霊スマラ』

異界としての夢の世界をさまよったのはノディエの『スマラ』の主人公である。ロレンツオは新婚の妻リシディスとともにイタリアを経めぐっている。ロレンツオは亡霊たちの群れに夢のなかでいつも脅かされている。いまも彼はアテナイの学堂を終えて、テッサリアに来ている夢をみている。テッサリアは魔女たちが住んでいるところだ。彼の前に友人ポレモンの亡霊があらわれる。ポレモンは「もう一つの世界」の幻を呼び起こす。魔女たちの饗宴だ。そこで場面が変わり、ロレンツオはポレモンを殺した容疑で断頭台に引き立てられる。首が斬られる。魔女の女王メロエが喜びの叫びをあげる。終曲は悪夢から覚めたリシディスとロレンツオの対話で終わる。

孫悟空
(『西遊記』16 世紀の挿画)

内田百閒『冥途』

「高い、おおきな、暗い土手が、何処から何処へ行くのかわからない、静かに、冷たく、夜の中を走つてゐる」。「月も星も見えない、空あかりさへない暗闇の中に、土手の上だけ、ぼうと薄白い明かりがながれてゐる。さつきの一連れが、何時の間にか土手に上がつて、その白んだ中を、ぼんやりした尾を引く様に行くのが見えた。私はその中の父を、今一目見ようとしたけれども、もう四五人の姿がうるんだ様に溶け合つてゐて、どれが父だか、解らなかつた」。

土手は異界との境である。そこを弔いの列がよく通った。いまそこに死んだ父親のぼんやりした姿が見えるように思った。

ジェラール・ド・ネルヴァル『東方の旅』より「カリフ・ハーキム」

ハシッシュの話はもちろんボードレールの『人工楽園』に、またディ・クインシーにあるし、ゴーティエの「アヘンのパイプ」もある。がネルヴァルも『東方の旅』の挿話「カリフ・ハーキム」で、ハシッシュ吸飲クラブでお忍びのカリフと出会った青年ユースーフの幻覚を物語っている。ユースーフはカリフと瓜二つだった。それをカリフの失脚をねらう宰相に利用される。ユースーフがハシッシュを吸ってもうろうとしているところを宰相の手のものが拉致して、カリフの留守中の宮殿に引き入れ、天人とも思われる美姫との夢のような逢瀬を楽しませる。美姫はカリフの妹で、カリフが結婚しようとしている相手である。宰相はユースーフをいいくるめてカリフにしたてあげ、本物のカリフをユースーフに殺させようとする。最後はもちろん、真実を悟るのだが、それまで、彼のさまよっていたハシッシュの楽園はまさに人工の楽園の極致だった。一方、カリフのほうにしてみれば、カリフをなのる狂人として狂人牢に入れられ、そこをなんとか逃れてみれば、彼の住まう宮殿には、もう一人の彼がいて、華やかな明かりがともり、愛の饗宴のまっただ中だった。分身が彼のかわりに婚礼をあげようとしている分身幻覚の地獄を経て、その分身に殺されそうになるのである。

ギ・ド・モーパッサン『水の上』

とある月のきれいな夜更け、セーヌ河をボートでくだっているうち、あまりに気持ちがいいので、しばらくそこでひと眠りでもしようと錨を投げて、煙草をふかしたりしていた。

ところが、さていこうかと思って錨を引き上げようとすると、びくともしない。そのうちだんだん、川面には白い靄が立ちこめだした。錨は相変わらず動かない。まるで死神にでもとらえられてしまったかのようだ。この比喩は作者はここではまだ口にしないのだが、やがて、それがただしいことがわかる。靄におおわれた川は死の世界を思わせる。夜明けになって、通りかかった舟に助けを求めて錨を引き上げると、錨はなんと首に石を結びつけた老婆の水死体にひっかかっていた。

アンドレ・ドテル『見えない村』

ある雪の朝、どこからともなく始まった足跡が森の方へずっと続いている。主人公はその足跡をたどってゆく。もしかしたらそれは、彼が探し求めている人の足跡かもしれない。戦争のせいでもあったのか、彼の母親が消息を絶って何年にもなる。しかし彼には、その見知らぬ人の足跡をたどってゆくといなくなった母親がいるのではないかと感じられる。足跡はしかしあるところでぷっつりと消えてしまう。それでもとぎれとぎれの足跡をたどって彼は「見えない村」につく。そこの住人たちは外界からは見ることができない。そこへどうやってたどりついたのか、どうやって村人たちに受け入れられたのかはわからない。いつのまにか、彼はいなくなった母親とともに暮らしている。認知症の両親を取り戻した話だ。

フィリパ・ピアス『トムは真夜中の庭で』

夏休みをすごしにおじさんの家へ行ったトムは、そこに不思議な庭があるのに気がつく。そこに真夜中に降りてゆくと、時が昼間とはちがったように流れていた。昼間が夏だったら、夜は雪の降る冬だった。そこで出会った少女ハティは、おじさんの家の家主のおばあさんだった。過去が生きている庭を生きている亡霊のようにさまよう少年に、しかし時は刻まれない。トムはトムのままである。異界からこの世へ戻ったとき、トムには時の作用は働かず、老婆ハティだけが、過去の幼い少女に戻っている。裏返しの浦島譚である。

萩原朔太郎『猫町』

「人が時空と因果の外に飛翔しうる唯一の瞬間」をとらえ、世界をあらたな相のもとに見ること、その「三半規管の喪失」のテクニックで、思いもかけない風景の中に身をおくことができる。「私」は北越のU町にいた。何の変哲もない田舎町だが、世界をひっくり返してみる「私」の感覚にとって、そこにはなにか尋常ならざることが起こる予感がした。そして、なにか黒いものが街角から走り出した。その途端に、道という道に猫、無数の猫が飛び出してきた。そこは猫猫猫の猫町に変貌した。いや実際には何事も起こらない。たんに病的な感覚の錯誤にしかすぎない。しかし、異界はなんでもない日常的風景のうしろに潜んでいたのだ。

右大将道綱の母『蜻蛉日記』より「みみらくの島」

母を亡くして、山寺にこもって参籠しているうちに不思議な話を聞く。「かくて十余日になりぬ。僧ども念仏の隙に物語するを聞けば、『このなくなりぬる人の現に見ゆる所なむある。さて近くよれば消え失せぬなり。遠うては見ゆるなり。いづれの国とかや、耳らくの島となむいふなる』。」耳らくの島とは、遠くから見ればかすかに見えるが、近づくと見えなくなってしまう。だが、そこへ行けば、亡くなった人に会えるのである。といって、亡者と話をかわすことはできそうにない。また近寄ればすっと消えてしまう。それでもそこにいる亡者は完全に他界へ去った亡者ではなく、またこの世の近くにさまよっているのである。おそらく一心に念ずれば、亡者の面影がうつつに現れてくるにちがいない。熊野の死に出の山でも、亡者に出会うという。

ミヒャエル・エンデ『はてしない物語』

少年は古本屋に入って、そこにあった本を手に取ってみて、不思議な魅惑を感じてそのまま持ち去ってしまう。そして学校の屋根裏にこもってその本を夢中になって読みふける。そのうち気がつくと彼は本の物語の中に入り込んで、その物語の国ファンタージエンの人物になっている。その物語は「さすらい山の古老が書き記している本の中にはいっている（…）その本というのは、かれ自身が物置で読んでいたはてしない物語なのだ」。物語の最後で、父親のもとへ戻ろうとするが、記憶が消え失せていて、戻れない。その時、奇跡的に「生命の水」を飲んで無事この世に帰還する。

ケルト神話「常若の国《ティル・ナ・ノーグ》への旅」

常若の国の話は、「聖ブランダンの旅」以来、アンドレ・ジッドの「ユリアンの旅」に到るまで、あるいは日本では浦島の旅などに幾度も文学作品に物語られている。常若の国には時間がない。したがって歳をとらないのである。ケルトではミレー族に敗れたダーナ神族が、地底、あるいは海のかなたにつくりだした理想郷がある。その国は海のかなたでもいつも魔法の霧がかかっていて人の目に触れることはない。がそこでは、一年中果物がたわわにみのり、もいでもすぐに次の実がなる。一日も始まると思えば、朝になり、終わろうと思えば夜になる。時の支配をまぬがれて

いる世界である。日本では『万葉集』『丹後国風土記』『お伽草紙』から、川上弘美の『竜宮』まである。

ティル・ナ・ノーグの妖精たち
（トマス・ヘザレー画　1862 年）

ヨーロッパの死神は黒いケープを頭からかぶった骸骨としてあらわされ、麦の刈り取りに使う大鎌を持っている。中国や日本では冥府の鬼が死者を迎えにくる。

II 死の神話

『神曲』より、天界のダンテとベアトリーチェ。
これもひとつの臨死体験のように見える。
（ギュスターヴ・ドレ画　19 世紀）

第一部では死の世界あるいはそれに隣接した異界へいってそこから戻ってきたものたちの話をした。ヘラクレスでありオルペウスである。しかし彼らは死の世界から戻ってきても、長くこの世にとどまることはできなかった。オルペウスはエウリュディケへの愛のために地上の女たちに目もくれなかったが、そのためにバッコス信徒バッカントたちの怒りを買って八つ裂きになった。ヘラクレスもネッソスのたたりで、非業の死をとげた。昔話でも、死者の国へ行って戻ってきたものは、ほどなくして死ぬのである。妖精の城にとどまっていた騎士もこの世に戻ってきて、食べてはいけないリンゴを食べるといった禁じられた行為をしたとたんに死んでしまう。あるいは妖精界へ連れ戻される。これは地上では死ぬことである。逆に戻ってきたこの世に幻滅して妖精界へ戻ろうとしても、もうその道すじはわからない。異界へ行って戻ってくるという異界の神話は死の先触れを語っていた。と同時に不死の本性をもった神々にとって、死は人間たちの死とは同じではなかった。ヘラクレスも火刑台の上で肉体が灰になると、魂は神々の領域にのぼっていって神になった。彼にとって地上の死は肉体を去って神になるための通過儀礼だった。根の国へ行って戻ってきたオオナムチは大国主という別人格になっていた。「天人女房」で、天から地上に落とされた男は地上で元と同じ生活に戻ることができたかどうかわからない。天へ行ってきたということは彼の人格に大きな変化を与えたはずである。天へのぼった男としてそれからも長いこと村びとたちの好奇の目の対象となって生きつづけたというシナリオはちょっと想像しがたい。竜宮から帰った浦島が玉手箱をあけて、そこから出てきたけむりとともに昇天したという話は示唆的である。異界へ行ったものはそのことによって異界のしるしをつけられてきたのだ。この世へ帰ってもそれは、まもなくまた別世界へ行く――死ぬ――ことでしかなかった。秘儀入門者が洞穴にこもって「ちいさな死」を経験したあとで、「大いなる死」にはいってゆくように[81]、一回目の異界行は最終的には別世界ゆきの予備行為でしかないのである。ヘラクレスが死んで神になったということ、ディオニュソスが二度死んだということ、ゼウスの兄弟たちがクロノスに呑み込まれて、生まれ直したこと、いずれもが、神になるには一度死ななければならないことを語っているのではないだろうか。それは人間たちについてもいえるかもしれない。異界へ行って戻ってきたものは、まもなく天に呼び戻される。そのあとは不死の運命が待っているのかもしれない。浦島の翁も死ななければ浦島明神となるのである。異界行は別人格になるための試練である。通過儀礼を経るごとに人は別な人格になってゆく。そして死は最大の通過儀礼なのである。死の世界を覗いてきたものは、それまでとは違う人間になっている。

一、神々と英雄の死

オシリスの死

オシリスとセトの兄弟は世界の覇権をめぐって争っていた。セトはあるとき祝宴を催してオシリスを招き、そこで豪華な棺桶を一同に見せ、そこにぴったりはいるものにそれを進呈しようといった。オシリスがはいってみると棺桶はぴったりと彼のからだにはまった。セトがあらかじめオシリスの寸法をはかって、それにあわせて棺桶をつくっていたからだ。セトは、棺桶にオシリスがはいるのを見るとただちに棺桶に蓋をして、密閉した。そしてそれをナイルに流してしまった。妻のイシスがそれをさがしてビブロスまでゆく。そこで彼女は夫が岸辺に生えていたタマリンド（あるいはその他の木）に包みこまれて、その木が宮殿の柱になっていることを知った。そこでイシスはその地の王にわけをいってその柱を請い受け、ナイルの岸へ持ち帰った。そこで、彼女は柱を切り開き、なかに包まれていた棺桶を採り出し、蓋をあけ、死んだ夫を彼女の得意の魔法によって生き返らせた。それをセトが見ていて、イシスがその場をはずしたすきにオシリスの遺骸を奪い去り、一四に切り分け、各地にばらまいた。イシスは戻ってきてそれを知り、夫の断片を探し集めて、もとどおりにし、魔術をつかって、息を吹き込んで蘇生させた。オシリスの身体では男根がナイルに投げこまれて、魚によってのみこまれてしまっていた。そこでイシスは粘土で、男根をつくりそれをオシリスのからだにつけて、血をかよわせた。そして隼の姿になって、その上でホバリングをすると、粘土の男根がむくむくと起き上がって屹立した。そこで、イシスはもとの女神の姿に戻って、その上におおいかぶさり、夫と交わって、息子のホルスを受胎した[82]。生き返ったオシリスは、しかし、地上の王となることを承知せず、死者の世界へいってそこの王となった。死者の裁きの場を見守る神こそよみがえったオシリスである。

オシリスを復活させるイシス
（セティ１世の墳墓の浮彫り）

八つ裂きになった死体を集めて命の水をかけて生き返らせるというモチーフはハンガリーの昔話「勇士ヤーノシュ」などでおなじみのものである。八つ裂きにならないでも、死んだものに命の水を注ぐと生き返るのである。ただ、オシリスの場合は、生き返っても、地上にとどまらず、冥界の王になったのである。冥界の王という性格は幽界を治める大国主のそれを思わせる。八つ裂きになってよみがえった神としてはディオニュソスの神話も知られている。水に投じられた男根から神が生まれる話はアプロディテの神話だが、オシリスの男根からも第二のオシリスが生まれていたかもしれない。

バルドルの死
(18 世紀のアイスランドの写本)

バルドルの死

北欧神話で、あらゆるものに愛されたバルドルはロキの詭計によって死ぬ。彼のためには母神が、いかなるものも害することがないように、地上のすべてのものに祓いをしたのである。が、ヤドリギの若木だけは、その祓いからもれてしまった。ロキはそれを知って、ヤドリギの枝で、矢をつくった。そして、神々が不死のバルドルに石を投げたりして遊んでいたところへやってきて、ひとり、遊びの輪の外に立っていた盲目のホズにその矢を渡して、バルドルにむけて矢をつがえさせた。矢は放たれてバルドルにあたり、バルドルはたちまちに死んでしまった。死というものを知らなかったアスガルドの神々はうろたえた。が、バルドルの屍は早くもヘルのもとへ送られた。神々は地獄の女王ヘルに懇願してバルドルを解放するように頼んだ。地獄の女王が亡者を解放すれば、生き返るのである。ヘルは神々の懇願に折れて、もし地上のすべてのものが、バルドルを悼んで泣くなら、彼を蘇生させようと言った。神々はあらゆるものにバルドルの蘇生を願うようにたのんだ。すべてのものがそれに同意した。ただひとり見知らぬ老婆がそれを断った。ロキが老婆に変装していたのである。いずれにしてもロキにはバルドルを生き返らせるつもりはなかった。結局バルドルは地獄ヘルにとどまることになった。それでも、ラグナロクの世界壊滅の後、バルドルはその元気な姿をあらわし、あらたな太陽のもとで、世界の再生にたずさわることになる。

パンドゥたちの最後

古代インドの叙事詩『マハーバーラタ』では、戦争のあとに生まれたパリクシットもいまや王国を統治することができる年になった。パンドゥたちはすべてを捨てて、曼荼羅山に登る決意をかためた。「彼らは空の高みの清浄な国に至る、狭くて急な道をたどっていった」。しかし山に登りだすと、まずドラウパディーが足をすべらせて、墜落した。次いで、サハディーヴァ、ナクラ、アルジュナ、ビーマとつぎつぎにすべり落ちていった。しかしユディシュティラは振り返りもしなかった。「私はすべてを捨てたのだ」と彼は言った。ついにユディシュティラは山頂に達した。神々が彼を出迎えた。その後彼は地獄で、それまで見捨ててきたドラウパディーらに再会した。彼が山頂に達したとき、一匹の犬がついてきていたが、この犬がその後どうなったかは知られていない。

シャタスルンガの丘のパンドゥ
(『マハーバーラタ』)

イザナミの死

イザナミは神産みの最後に火の神カグツチを産んで、ホトを焼かれて死ぬ。死ぬ前に「タグリになりませる神の名は金山彦の神。次に金山姫の神。次に屎になりませる神の名はハニヤスビコの神、つぎにハニヤスビメの神。つぎに尿になりませる神の名はミツハノメの神」というように様々な神を産んでいる。それぞれ嘔吐物と糞尿で、それが鉱山の神や埴土の神、水の神で、これらの神を生み出した様子を溶岩を吹き出す火山の活動にたとえる解釈もあるが、嘔吐物が鉱物になったのはともかく、糞尿が土と水に

イザナギとイザナミの国産み
（小林永濯画　1880年代　ボストン美術館）

なったというところは火山とはかかわりがなさそうである。それより山々の鉱物資源に関係がありそうなのは、カグツチが首を切られて、血を吹き出して岩や雷を生成したほうである。そしてさらに、カグツチはその死体から各種の山を生成している。死体から五穀が生まれたオオゲツヒメについては死体化成神話とされていて、カグツチの死体が山になったことは忘れられているが、火山の神としてはイザナミよりカグツチのほうがそれらしい。というより、イザナミとカグツチがそれぞれ命をかけて、日本列島の山岳形状を構成したのであり、その中には少なからぬ部分が火山活動をしているのである。イザナミとカグツチは夫婦ではなく親子だが、男女神であり、彼らの死をもって日本列島の脊梁山地を形成したのである。

　なおその後日本神話ではヤマトタケルが、東征のあと、伊吹山の神のたたりにあって白鳥になって死ぬ。あるいは神武の兄弟たちが海神の宮へ去り、あるいは波を踏んで常世へいっている。いずれも死の婉曲語法である。ギリシャの神々は不死だが、日本の神々はあるいは火に焼かれ、あるいは首を切られ、あるいは海へ入水して死ぬのである。どうやって死んだかは語られないが、イザナギも死んでいる。ほかに天地創世にかかわった神々が役目を果たすと「神さり」ましきと告げられる。これについては高天原に「別高天原」というところがあってそこに鎮座しているのだという説もあるが、そうであっても「死んだ」ということの婉曲語法であろう。日本の神々は不死ではない。

チベットの死者の国をおさめるヤマ
（17-18 世紀）

チベットの死者の書

チベットでは死者は悟りに応じて、第一の光明、第二の光明、第三の光明のみちびきをうける。第一の光明は根源の光明で、これを悟るものはバルドゥを経ることなく、不生の法身に到達する。この段階で悟らないものは、第二の光明をうける。これは息がとだえてから、一回の食事に要するほどの時間が経過したころに与えられる。この第二の光明で解脱にいたらないものは「第二のバルドゥにおいて、正常な幻化身と呼ばれる、自分で死んでいるのか、死んでいないのかわからないような意識の状態が、日のように明らかな道として現れる」。次の「第三の光明のバルドゥにおいては、カルマンが引き起こす、死者を錯乱させる幻影というものが現れてくる」。このときには、死者のまわりで泣き叫ぶ親族の声が聞こえる。この後、一四日目まで、金剛部の神軍などが現れる。

ヘラクレスの死

十二功業を終えたヘラクレスは新妻のデイアネイラをともなってトラキスへ向かったが、途中、エウエノス川を越えるのにケンタウロスのネッソスにデイアネイラを背負わせた。しかしネッソスはデイアネイラに恋慕して、川を渡ったところで、彼女を犯そうとした。ヘラクレスは毒矢を放ってネッソスを殺したが、ネッソスは死に際に、彼の血をとっておけばヘラクレスの愛が冷えたときに媚薬として役に立つといつわってデイラネイアに告げた。デイラネイアはそれを信じて、ネッソスの血を瓶にとっておいた。その後、ヘラクレスはイオレを巡ってエウリュトスと戦って勝ち、神への感謝の犠牲をささげる式典を催し、新しい衣類をデイラネイアに送らせた。デイラネイアは夫がイオレに心を移したものと思って、新しい衣類にネッソスの血をそそいで送った。ヘラクレスがそれを着ると、衣服は肉に食い込んでその毒で肉を焼いた。ヘラクレスは最期を悟って、火葬台をつくりその上にのぼって火をつけて、焼け死んだ。

肌に食い込む毒を仕込んだ衣服はメデアも使い、イアソンが婚礼をあげる相手を焼き殺した。民間伝承では「血まみれの婚礼」があるが、これは「火だるまの婚礼」である。

メドゥサの死

ゴルゴンたち姉妹は神霊として不死であったが、末娘の

ヘラクレスの死
（ルカ・ジョルダーノ画　1697年頃）

メドゥーサの首を切り落としたペルセウス
（アントニオ・カノーヴァ作
1800年頃　ヴァチカン美術館）

メドゥサだけは不死ではなかった。そこでアテナの助けを得たペルセウスによって殺されたが、彼女を見ると、あるいは彼女に見られると、石になってしまうので、ペルセウスは、アテナから借りた青銅の楯にメドゥサの頭を映してそれを見て首を斬った。斬られた首からは天馬ペガソスとクリュサオルが生まれたが、父親はポセイドンだった。

アーサーの死

アーサーは甥のモードレットとの決戦に傷つき、霊剣エクスキャリバーを湖に投げ、アヴァロンの島へ運ばれて、そこで死んだとも、あるいは永遠の眠りについたともいわれる。あるいは山中の洞穴に眠っていて、一〇〇〇年後に洞穴を出てくるともいう。

ドイツではヘルラ王が騎士たちとともに山中にこもって、復活の時を待っているという。

アヴァロンへ運ばれるアーサー
（ハウズ・クレイヴン画　1895 年）

二、人間たちの死

神の恩寵による死

ギリシャ神話のピレモンとバウキスの物語は神に愛されたものの幸せな死を語っている。ピレモンとバウキスは貧しい老夫婦だった。ある日、彼らのところに二人の旅人が訪れた。この二人はゼウスとヘルメスだった。そうとは知らない老夫婦は貧しいながら心のこもったもてなしをした。飼っていた家畜としてはたった一羽のガチョウがいただけだが、二人はそれを殺して旅人に供した。ゼウスはそれを見て、なんでも願い事をするがいいといった。老夫婦はそれでは、二人がそろって死ぬことができるようにと願い、かなえられた。二人は互いの身体がしだいに木の葉に包まれてゆくのを見た。二人は寄り添う二本の木になったのである。これと同じような話が中国にあり、双思樹といい。夫婦が王命によって引き裂かれて死んだが、両者の墓から梓の木が生え、からみあったという（『中国の幽霊』）。

2本の樹木になったピレモンとバウキス
（ラ・フォンテーヌ『寓話』 1755年頃）

神の計らいによる身代わりの死

アポロンの寵をえたアドメートスは、病をえて死ぬことになった時、身代わりを見つければ、死なないですむと神にいわれ、老父をはじめ、身内のものたちにつぎつぎに打診したが、いずれも断られ、最後に妻のアルケーティスが、自分が身代わりになろうと申し出た。そこにヘラクレスがやってきて、その話を聞くと、アルケーティスの殯屋《もがりや》にいって、彼女をとらえにきた死神と格闘をして、相手をねじふせアルケーティスを取り戻した。かくてだれも死なずに済んだのである。

約束された死

メレアグロスは生まれたときに暖炉の中で燃えていた薪が燃えつきたら死ぬだろうと予言をされた。母のアルタイアはその薪を取り出して、大事にしまっていたが、カリュドンのイノシシ狩りのあとの争乱で、メレアグロスがアルタイアの兄弟を殺してしまったとの知らせを聞いて、アルタイアが、しまっていた薪を暖炉の中に放り込んだためにメレアグロスは不慮の死をとげることになった。[83] 兄弟の愛のほうが親子の愛より強かったのである。

ゼウスとセメレー
（ギュスターヴ・モロー画　1894-95 年
パリ、ギュスターヴ・モロー美術館）

神の愛による死

セメレーはゼウスに愛されて子供を懐胎していたが、ヘーラーのはかりごとによって、ゼウスに本当の神の姿できてほしいと願った。願い事をなんでもかなえてやろうといっていたゼウスはその願いをかなえざるをえず、本来の姿である雷神になって、雷をとどろかしながら、セメレーのもとへやってきた。セメレーはそのために雷に打たれて死んでしまった。ゼウスはセメレーの子宮から胎児をとりだして自分のふとももにおさめた。これがディオニュソスである。セメレーに偽りの忠告をした老婆、すなわちヘーラーのほうはなんのとがめもうけなかった。ディオニュソスは二度生まれた神といわれる。一度はセメレーから、二度目はゼウスのふとももから。

神の怒りによる死（一）

アポロンの子アスクレピオスはアポロンの神業をうけつぎ、医術にひいで死者をもよみがえらせていた。それに腹を立てたのが冥界の王ハデスで、自分の思惑どおりにことが進まないことをゼウスに訴えた。ゼウスは人間ののりをこえた技を使うものとしてアスクレピオスを罰することにして雷をおくった。アスクレピオスは死んだが、アポロンが介入して神にした。医学の神がこうして生まれたのである。アスクレピオスの誕生についても波乱があった。アポロンは王女コロニスを愛していたが、コロニスはほかの男

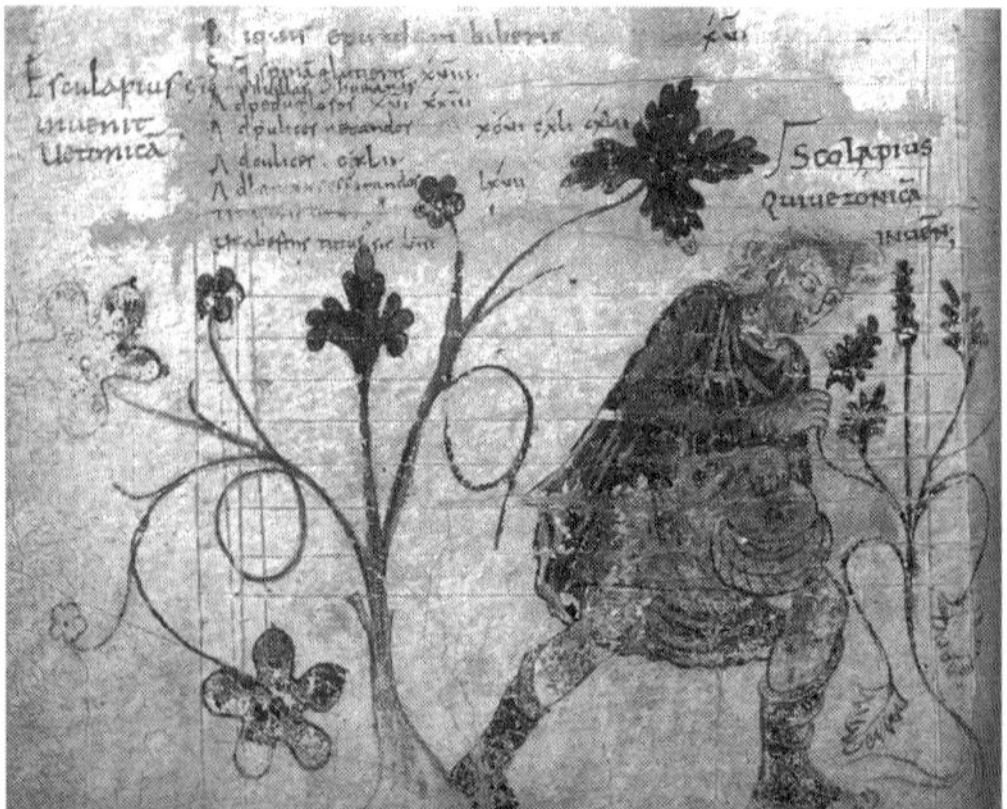

薬草を摘むアスクレピオス
（『薬効について』　9世紀の写本　フランス国立図書館）

に目移りがした。そこでアポロンは遠矢を射ってコロニスを殺し、腹の中からアスクレピオスを救い出したのである。

神の怒りによる死（二）

半獣神のマルシアスはアテナが捨てた笛を拾って吹いてみたところが美妙な音色が出るのに喜んで、アポロンより音楽の技が上だと自慢した。アポロンはそれを聞いて立腹し、音楽の技を競い合うことにした。第一ラウンドは互角だったが、第二ラウンドで、危機感をおぼえたアポロンが、今度はそれぞれの楽器を逆さまにして演奏しようといった。アポロンの楽器は竪琴で、これは逆さまにしても音は出た。マルシアスの笛は逆さまにしたら音は出るわけがなかった。そこでアポロンが勝ったことになって、マルシアスを罰として皮をはいで、松の木につるして殺した。アテナの笛はオーロスという二連の笛だったが、これを吹くと頬がふくらんでみっともない顔になることに気づいて、アテナがそれを捨てたのである。この笛ではなく仲間のパーンがつくったパンフルートでアポロンにいどめば、マルシ

アポロンとマルシアス
（ミケランジェロ・アンセルミ画　1540 年頃　ワシントン・ナショナル・ギャラリー）

アスも殺されずにすんだかもしれないが、神話ではそうはならなかった。マルシアスを罰するのに全身の皮をはいだアポロンは残虐のそしりをまぬかれないが、神はなにをしてもとがめられないのである。

神の怒りによる死（三）

一四人の子持ちのニオベは、アルテミスとアポロンの母神であるレトにむかって、自分は一四人の子供がいるが、女神は二人の子神しかもっていないではないかといった。それを聞いてレトは怒り狂って、アポロンにニオベの子供たちを殺すように言った。遠矢のアポロンと呼ばれるアポロンは得意の弓をもって一四人のニオベの子供を全員殺してしまった。ニオベもついでに殺されたとも、石に化したともいう。ニオベの夫はテバイの城壁を竪琴をひいて建てたアムピオンだったが、彼も神の怒りをのがれることはできなかった。彼も楽師としてアポロンに匹敵する名手だった。それがためにアポロンの怒りをうけたのかもしれない。ニオベの子供一四人を皆殺しにしたのも過剰な罰といえよ

ニオベの子供たちの虐殺
（ヨハン・ボックホルスト画　1630年頃　アントワープ王立美術館）

う。しかしコロニスを殺したときもアポロンには人殺しをしているという意識はなかった。

神に愛されたための死

美青年アドニスは美神アプロディテーに愛されていたが、狩りを好んで、毎日狩りに出ていた。そんなある日、イノシシが突進してきて彼を血祭りにあげた。アプロディテーの嘆きは大きかったが、死者でもよみがえらせることができるはずの神がこのときはなぜか無力だった。のちにアドニスは熱心な信者たちによって祀られ、復活の象徴となった。女たちは鉢に土をいれて麦や草花の種をまき、水をやってそれらの種を芽生えさせて、アドニスの園と名付け、最後は水べへ持っていって、水中に投げこんだ。アドニスはイノシシに殺されたが、ミルラの木のなかで育って木の皮をやぶって生れ落ちるときに、木の皮がかたくてなかなか生まれなかったのをイノシシが木をつきやぶってアドニスを生み落とした。[84] アドニスにはイノシシの因縁があったのである。

アドニスの死を嘆くアプロディテー
（バルトロメウス・ブレーンベルフ画　17世紀　ハーバード大学附属美術館）

キュベレーに愛されたアッティスも若くして悲劇的な死をとげた。女神に愛された青年は死ななければならなかったのである。しかしこの青年たちは、三日後に復活したと信じられて熱烈な信仰を捧げられた。

神々によって殺された神

ディオニュソスはゼウスがペルセポネと交わって生まれた子供であるというオルペウス秘儀の伝承がある。その時の名前はザグレウスという。これをヘーラーが知って嫉妬のあまりティーターンたちに命じて赤子を殺させた。ティーターンたちは幼子をつかまえて八つ裂きにして食べてしまったが、アテナがその場をとおりかかって、心臓を拾いあげ、ゼウスに呑みこませた。ゼウスはそのあとセメレーと交わって、ディオニュソスを懐妊させたが、セメレーの体内で育ったのはザグレウスの心臓だった。ディオニュソスはそのあとゼウスの雷撃をうけて二度目の死を迎える。彼は「二度生まれた神」であるとともに「二度死んだ神」でもあった。大国主＝オオナムチも何度も死んで、何度も生まれ直している。その最大の逸話は根の国からの帰還であろう。

チュエステスの子供を食卓に供するアトレウス
（1410年頃の写本　ジュネーヴ図書館）

神の怒りで皆殺しになった一族

アトレウスの一族は一族同士で殺しあって、全員死んだが、最初はアトレウスが甥のアイギストスによって殺された。しかしその前にはアトレウスは兄弟のチュエステスの子供たちを殺してチュエステスに食べさせていた。アトレウスは甥を殺していたのである。アイギストスはその後、アガメムノンを殺したが、これはアトレウスの子だからアイギストスにとってはやはり甥にあたる。そしてアイギストスはオレステスによって殺される。オレステスはアガメムノンの子だから、アイギストスはいとこにあたる。これらの一家惨殺のドラマの陰には父が娘を犯して子を産ませる話もからまっているが、そもそもアトレウス家の悲劇はその父ペロプスの悪行とそれによってうけた呪いにさかのぼる。ペロプスはピサの王女ヒッポダメイアを卑劣な手段で手にいれた。ヒッポダメイアは彼女を乗せた戦車で、父親のオイノマオスが乗った戦車と競争してこれを負かせたものと結婚できることになっていたが、ペロプスは、オイノマオスの御者を買収して、オイノマオスの戦車に細工をして、途中で壊れるようにしていたのである。戦車競走に勝ったペロプスは、陰謀を闇に葬るために問題の御者を亡きものにした。海に突き落としたのである。御者は海に落ちるときにペロプスとその一族の子々孫々までを呪ったのである。なお、ペロプスにはもうひとつの呪いがかかっていた。彼が子供のとき、父親のタンタロスはゼウスら神々を供応するのにペロプスを殺してその肉を料理したのである。神々はそれを見抜いて、ペロプスを生き返らせるとともに、タンタロスの一族を呪った。タンタロスはために地獄へ落とされて永遠の飢餓に苦しめられている。

ピュラモスとティスベ
（ルカス・クラーナハ画　1515 年頃
バンベルク、バイエルン州立新美術館）

恋に死んだ男女

ピュラモスとティスベの二人は隣家に住む幼友だち同志だった。二人は愛を禁じられて、両家をへだてる塀のさけめから話をかわしていた。二人はある晩、泉のほとりで逢い引きをしたが、そこにライオンがやってきて、ティスベが落としたヴェールを引き裂いた。そこへやってきたピュラモスは、ティスベがライオンに食い殺されたものと思って自害した。そこへティスベがやってきて、その死骸の上で同じく自害して果てた。

ナルキッソスの死

河神とニンフとの子ナルキッソスは泉に映る自分の顔に恋して焦がれ死にした。そのときナルキッソスを恋していたエコーも憔悴し、影になり、声だけが残った。

イカロスの死

工匠ダイダロスは、自分の作った迷宮に閉じこめられ、そこを息子のイカロスとともに脱出するべく、翼をつくっ

エコーとナルキッソス
（ジョン・ウィリアム・ウォーターハウス画　1903 年　ウォーカー・アート・ギャラリー）

て蠟で体につけて飛んだ。ダイダロスはうまく脱出したが、イカロスは空を飛ぶことに夢中になって、高くあがりすぎ、太陽の熱に蠟を溶かされて、翼を失い、海に落ちて死んだ。太陽の車を御しそこなって落ちたパエトンもいる。地上に生きるべき人間の定めを脱しようとした者は、死ななければならなかった。

イカロスの墜落
（ヤコブ・ピーテル・ゴーウィ画　1635年頃　プラド美術館）

誤解による死

プロクリスは夫のケパロスが狩りを口実にほかの女と会っているのではないかとうたがい、ひそかにあとをつけたが、茂みがゆれるのに気づいたケパロスは獲物がいるものと思って槍を投げて、プロクリスを殺してしまった。それまでも彼と彼女のあいだには複雑ないきさつがあった。プロクリスの貞節をうたがったケパロスは他人に変装して彼女を誘惑し、彼女が最後にいやいや承諾したときに正体をあらわしてプロクリスを責めた。プロクリスはその卑劣さを憎んで山にのがれ、狩りだけで暮らした。二人のあいだにはさらに的をぜったいにはずさない必殺の槍と、同じく獲物をかならずしとめる犬がいた。これもプロクリスがミノスからもらったもので、それをもらうにはそれなりのいきさつがあったとされている。「プロクリスの死」についてはピエロ・ディ・コジモの感動的な絵画作品がある。

永遠の眠りとしての死

羊飼いのエンディミヨンは月の女神セレネーに愛されて、いつまでも彼女のものであるように永遠の眠りを与え

セレネーとエンディミヨン
（ピエール・フランチェスコ・モーラ画
1660 年頃　カピトリーノ美術館）

ピエロ・ディ・コジモ《プロクリスの死を嘆くサテュロス》
1495 年頃　ロンドン・ナショナル・ギャラリー

られた。セレネーは夜ごと、眠っているエンディミヨンのところへやってきて、返事のない愛の語らいをするのだった。月女神はエンディミヨンを眠らせる前に交わって五〇人の娘を生んだともされる。また、彼は羊飼いではなくエリス王であったともいう。

神の懲罰による死

オーストリアの某伯爵夫人は一二人の子をいちどきに産んで、それを恥じて一一人を犬の子であるとして水に流させた。しかし神の配慮はその子たちを溺死から救って、すこやかに育てさせた。そのことを承知していた伯爵は、知っていることを黙して語らなかったが、子供たちが成人に達したとき、にぎやかな饗宴を開いて、夫人の前に一一人の子供たちをつれてきた。夫人は「雷光に打たれたかのごとく」、息絶えて倒れた。驚きが彼女の生命を絶ったのである。それは驚きよりも、神の懲罰であったろう。子供を犬の子とすり替える話は昔話ではなじみのモチーフである。

信仰のための死（殉教）

殉教図はいろいろ描かれているが、もっとも有名なのは聖セバスティアヌスのそれだろう。セバスティアヌスはナルボネンシスに生まれ、ローマ皇帝の親衛隊の隊長をつとめていたが、同僚や囚人たちを改宗させて皇帝の怒りを買い、杭につながれて矢を射かけられたが死ななかった。聖女イレーネが彼を自宅へつれていって介抱して、いったんは体力を回復したが、のち皇帝に殴り殺された。多くの殉

聖セバスティアヌスの殉教
（アンドレア・マンテーニャ画
1480 年頃　ルーヴル美術館）

聖ドニの殉教
（レオン・ボナ画　1880年頃　パリ、パンテオン）

教図では体中に無数の矢が刺さった状態で描かれている。

　ほかに有名な殉教者としてはパリの聖人聖ドニがいる。聖ドニはモンマルトルで首を斬られたが、その首をみずから拾って現在のサン・ドニの地まで歩いてそこで倒れた。

入定《にゅうじょう》

補陀落渡海に出る船
（「熊野那智参詣曼荼羅」部分
1600年頃　熊野那智大社）

　殉教は覚悟の死である。その意味では、補陀落渡海《ふだらくとかい》などの水中入定、あるいはミイラ仏などの土中入定、そして灯油をかぶっての火中入定も同じ覚悟の死である。補陀落渡海は熊野だけではなく、足摺岬でもおこなわれていた。舵も櫂もない船に乗って、ひたすら南をめざすのである。南の観音浄土にたどりついたものは知られていない。だいたい観音浄土たる補陀落山がどこにあるのかもわからないのである。それは補陀落渡海をする僧たちにとっても同じだったろう。浄土へ肉体的に到達することを願っての船出ではなかった。途中、船は壊れ、海に呑みこまれて往生するだろうとそれを期待しての船出である。浄土は死後の世界である。崖から海に飛びこむのとかわりはない。たんに舞台装置がにぎやかなだけである。湯殿山あたりで土中入定して、のちに掘り出されてミイラ仏となった僧たちも何らかの浄土に迎えられているのであろう。

ペスト（黒死病）

中世ヨーロッパではペストが何度か大流行し、数千万人以上が死んだという。神話としてはそれをしのばせるものはないが、各地にペストの記念柱、疫病退治の祈念柱が建てられている。聖ロクスがペストを十字のしるしで癒したという。聖セバスチアヌスもペストを防ぐ力があったとされる。日本でも東京の広尾にネズミ塚がある。ペストを媒介するネズミを退治したときの慰霊碑である。

ピーテル・ブリューゲル《死の勝利》1562 年頃　プラド美術館

三、神の懲罰・悪魔による死

狩りを好んだ司教

オーストリアの伝説には、残虐な領主や司教の話が多いが、これは「ミヒャエル・フォン・クエンブルク」の残虐と題する物語である。この司教は狩りを好んで、鹿を追いつめたが、鹿は農夫の畑にのがれて、そこで息絶えた。農夫は天のめぐみとして、これを家へ引いていって、食べてしまった。司教はそれを知って、農夫を鹿の皮のなかに縫いこめて、犬をけしかけ、食い殺させた。しかしただちに「天罰」がくだった。翌日、彼は馬から落ちて脛骨を折ってしまったのである。狩りを好んだ司教というのはめずらしい。教会では狩りを無益な殺生として禁じていたからである。

（『オーストリアの伝説』世界神話伝説体系 25）

追い詰められた二人

これもオーストリアの話だが、「ジークムント・フォン・モースハイム」と題する物語は、父のゆるさぬ愛に生きようとした騎士の息子が、父親とその手勢に追いつめられて、女もろとも絶壁から深淵に身をおどらせて死んだ心中話を語るが、結末は、「己の無常の結果を見た父親は」その後まもなく、後を追って死んだとある。自殺とはいっていない。やはり神の懲罰をうけて死んだのだろう。

神の懲罰でなければ、暴君は民衆の石投げによって殺された。暴君による死刑はいくらでもあったが、暴君に民衆の怒りがふりそそぐことはそう多くはない。かつてバイエルンの一地方にワッツマンという暴君がいた。あるとき彼は猛犬を百姓たちにけしかけた。それにたいして、民衆は地下の小人たちの助けを借りながら、石を拾って投げ、犬も暴君もあっという間に石積みの下にしてしまった。

（『オーストリアの伝説』世界神話伝説体系 25）

悪魔による死

悪魔と契約をしたものが、決まった年限がくると悪魔に八つ裂きにされるという話はいくらでもある。悪魔としては魂を地獄へさらっていけばいいので、肉体のほうはどうでも構わないはずだと思われるのだが、悪魔は肉体のほうも生きながら責め苛んで、魂をさらってゆく。サンドの報告した「荒野の楽師」(『笛師の群れ』)では、バグパイパーが暗夜の荒野で、バグパイプを吹き鳴らしながら、霊感を得て作曲した曲で、名声を勝ち得たあと、ある晩、その荒野で見るも無残な八つ裂き死体となって発見されたとなっている。

オーストリアの話では、貧乏な騎士が、高貴な姫君を嫁にするために小人の助けを借りて、髪の毛ひとすじで、金の袋ひとつをもらう約束をしたが、その高貴な姫君がとんだ欲ふかで、金を湯水のように使い、あっというまに、騎士の頭髪は一本もなくなってしまった。そして最後の金袋を求めたときは、その代償として、毛の縄で絞殺され、恐ろしい形相をして死んでいた。姫ぎみのほうも、「復讐の女神のごとき良心の責め苦に鞭打たれて、(…)間もなく急死をとげた」。ここでいう急死とは変死であり惨死であったろう。彼女自身は悪魔と直接の契約をしたわけではないが、彼女のために、騎士が小人と契約をかわして死んだのである。彼女とて、安穏に生きながらえるわけがない。人の死因としては病死、戦死、刑死、頓死、事故死、暗殺、自殺のほかに悪魔の手による死、あるいは良心の痛みによる死があるのである。

フランスの田舎にあらわれた尻尾の長い悪魔
(ジョルジュ・サンド『フランス田園伝説集』)

思惑外れの死

そして悪魔の手はずが狂って、思わぬ災いをうけることもめずらしくはない。騎士フリードベルクは、あるとき招かれた城の令嬢をなんと

嵐のなかの城
（ヴィクトル・ユゴー画）

かものにせんと熱望したが、コンラート某が彼に先んじて、その令嬢をともなって教会へ導いてゆくことになった。フリードベルクは絶望のあまり悪魔を呼んだ。悪魔は嵐を引き起こし、雷雲のなかに巨岩を運んで、それを令嬢の城へ落下させて、敵の婚礼を阻止する手はずだった。しかしその瞬間に教会では婚礼の鐘が高らかに鳴りひびいていた。悪魔のくるのが一瞬遅かったのである。雷雲が抱えた巨岩はフリードベルクの上へ落ちて、彼に無残の最期をとげさせた。それは悪行の報いではなかった。悪行は瞬時の差をもって成就しなかった。が悪の意思だけは確実だったし、契約はかわされていた。悪魔はせっかく抱えてきた巨岩を目的の城ではなく、契約の当事者の上に落としただけの話で、岩を持ち帰ったのでは契約を履行したことにはならなかったのである（『世界神話伝説体系23・24 ドイツの神話伝説』）。

悪霊とかかわったものは、一時の栄華をうることさえなくとも、その結果だけはまぬかれることができない。「土の精プッツと木こり」（『オーストリアの伝説』）によれば、土の精の導きで、もみの木を切り倒し、その切り口から黄金を山ほど取り出した木こりが、家へ帰ってみたら、金貨と見たものはただのドングリだった。それを見た木こりは「打ちのめされたような気がして、頓死してしまった」。死因は心臓麻痺あたりにされるだろうが、その原因は土の精とかかわりをもったせいである。悪霊と契約したものは、巨万の富を手に入れることもあるが、思惑外れで、なんにもならないこともある。そうであっても契約の結果だけはやってくる。良心の痛みで、あるいは思惑外れで落胆のあまりに頓死する。

追い払われた死神

悪魔あるいは死神が魂をさらいにきたときにあらかじめ細工をしておいた椅子や梨の木などから降りられないようにしておいて、悪魔をたたきのめして、撃退した話も民衆には好まれている。イエスとか聖ペテロとかがやってきて、鍛冶屋のところにゆき、三つだけ願い事をかなえてやるというので、椅子に座ったらどうしても立ち上がれないようにとか、梨の木から降りられないようにしてもらったのである。それを死神がきたときに使って死神を退散させる話である。悪魔と死神は民衆の世界では同じである。

オルペウスの死

冥界から一人で帰ったオルペウスはエウリュディケへの思いのためにほかの女には目もくれなかった。バッコスの信徒たちバッカントはそれを憤って、彼を八つ裂きにしてその死体を川に流した。バッカントは悪魔ではないが、魔性の女たちだろう。これはオシリスの死を思わせるものだが、オルペウスには彼を蘇生させるイシスはいなかった。彼の斬られた首は竪琴に乗って川下へ流れ、そこでニンフによって拾われた。

オルペウスの首を抱くトラキアの娘
（ギュスターヴ・モロー画　1865 年　オルセー美術館）

死者の裁判

「死者の裁判」は、登場人物がすべて死んでしまう凄惨な物語だ。スペイン王女ソリザはとある伯爵と婚約したが、伯爵には妻子がいた。ソリザは父の皇帝にうったえた。皇帝は伯爵を呼びだし、事の真偽をただした。たしかに妻がいながら、皇女をだましていたと伯爵は告白した。皇帝は伯爵に、妻を殺して皇女を娶るように迫った。進退窮まった伯爵は家へ帰って、にこやかに出迎えた妻を絹ひもでくびり殺した。しかし死者はだまって死にはしなかった。皇帝を呪う言葉をはいて死んだのである。その呪いは、ただちに実現した。まず皇女が悶死した。次いで、皇帝が狂死した。そして伯爵も頓死した。もちろん、伯爵は最初の妻を言い含めて、離縁して問題を解決することもできた。ただ、カトリックでは離縁はみとめられなかった。それに、妻を殺せという皇帝の命令は絶対だった。恨みを抱いて死んだ女の亡霊はすべての男女をとり殺した。

（『スペインの神話伝説』世界神話伝説体系 28）

ジャガーの王子の様相を呈したメキシコ・シティーのミクトラン

死人の旅

メキシコの死の世界はミクトランという神が取り仕切っている。この世から冥府へ行くまでに、死者は数々の危難に遭う。険しい峰が接しているあいだの道をとおるときは、山崩れをさけなければならない。あるいはこれはギリシャ神話のぶつかり合っている二つの岩のあいだを漕ぎ抜ける話をも思わせる。スキュラとカリュブデスである。オデュッセウスの一行があやうく岩に押しつぶされるところだった。メキシコでは、この隘路の難をくぐり抜けると、おろちやワニの難が待ち構えている。次は八つの砂漠と八つの山を越えなければならない。そこを刃のようにするどい旋風が吹きすさぶ。そこをなんとか通り抜けると、悪鬼が死人を八つ裂きにしようと待ち構えている。死者がなんとか冥府にたどりついて、ミクトランの許しをえれば、冥府に住みつくことができるというのだから、この冥府は地獄ではなく、何とかそこに住みつこうとする楽園のようなところにちがいない。

（『メキシコの神話伝説』世界神話伝説体系16）

死神の車

フランスのブルターニュ地方に特有の伝承だが、アンクーの荷馬車ともいう。アンクーというのがこの地方での死神の呼び名である。これがやってくると死はまぬかれない。これはいつやってくるかわからないが、年に一度、死者の日である十一月二日の深夜にやってくるという伝承もある。車軸は油が切れてぎしぎしと不吉な音をたてる。ときにはその車輪の音だけが聞こえることもある。二頭立ての馬車が多いが、御者がいないこともあるし、馬が引いていないこともある。死が近いことを悟ると、このアンクーの車のお迎えをさけるために、一時ほかの家に移ることもあるが、たいてい、死神はそんなトリックにはだまされない。どこへ隠れても迎えにゆくのである。なお日本では火車の怪が知られており、一天にわかにかきくもって、火車があらわれ、死骸をうばってゆくという。

荷馬車に乗って鎌をかざすアンクー

葬式や棺桶をめぐる怪異では「猫檀家」があり、長年飼われていた猫が貧乏寺の住職に恩返しをするために葬列に魔法をかけて、棺桶を宙づりにして、住職がきてお経をよむと棺桶がおりてきて、無事葬式ができ、以来その住職の名望が高まったというものだ。

四、臨死体験

死から戻ってきたものに臨死体験がある。暗いトンネルを抜けて、光のなかに包まれるとともに体外離脱の感覚をもつ。病室の天井のあたりに浮遊し、ベッドに寝ている自分を見下ろす。壁を抜けて別の部屋へ行ったり、プレアデス星雲まで飛行したりする。臨死体験では浮揚感がもっぱらで、地底への落下の意識は少ない[85]。トンネルをくぐった先は花咲き乱れる光の野で、楽園のイメージである。その光のなかにキリストなどの超越者があらわれることもあるが、死んだ近親者があらわれることも多い。日本の場合は川が流れていることが多く、それを渡るともう戻れない。三途の川という観念は日本でよく聞かれるが、死の国には川を渡ってゆくというのは、西洋の死の物語でもよく出てくる。西洋でも彼岸は川向うの世界なのだ。浮揚感や飛行幻覚も多く、臨死体験と死の国への旅の物語の共通点である。

松谷みよ子がまとめた本（『あの世へ行った話・死の話・生まれかわり』）から、臨死体験のいくつかの例を引用しよう。

・昭和四十四年、神奈川の話

「寝ている自分を空中にふんわりと浮かんで、頭の先の斜め上から見下ろしている私は、下の自分の額の真ん中あたりから、クモの糸のように細い糸でつながっていた」。

・昭和五十一年、福岡の話

「急性劇症肝炎と急性腎不全が併発し、生と死のはざまへ引きずり込まれていた。私は闇の中へ入り自分の体からすうっと抜け出すのを感じた。走り続ける救急車の担架に横たわる自分の姿が、そして頭をかかえてうずくまる夫の背が目の下にあった。病院についた私は急を聞いて、私の枕辺を囲んだ夫の上司や同僚の姿を見下ろして漂いつづけた。（…）この時になって、はっきり私は死んだのだという思いに胸をふさがれ、じんと鼻の頭がしびれるような悲しみと悔恨の波がどうと渦巻くように私を押し包んだ。

（…）突然私は宇宙の奥へと引き込まれてゆくのを覚えた。だんだん地球が遠のいてゆくのが見えた。周りには人工衛星や汚れた衛星の破片がいくつもただよっている」。

・昭和四十七年、小田原の話

「すーっと雲の上に運ばれて、なんだか知らないけれどふわふわふわってどこかを飛んでゆくような感じがした。その内に、赤や紫や黄色の綺麗な花がいっぱい咲いているところへ下された。みるとむこうに川が流れており、太鼓橋があった。その橋を渡らないでいると、その太鼓橋のところに手がたくさんでてきて招いた」。

・昭和五十六年、東京の話

「苦しみが消えて真っ暗な中、ひどい耳鳴りがした。そうしているうちに、押し上げるように細いチュウブの中を登ってゆき、止まったところに門があった。そこをくぐってはならないという気になって戻った。いくら走っても門はすぐ後ろにあった。ふとまた苦しくなり、気が付くと生き返っていた」。

・昭和五十五年頃、福岡の話

酒を飲んで帰る途中、崖からおちて畑のなかにたおれていると、飼っていた犬がやってきて、ワンワンと吠え、顔をなめるので、どうしたのかと考えてみると、「あれはたしかフワッと――体が空にういたようになり、しばらくするとまあるくくらあい中を潜り抜けたんだっけ。そしたら、きれいなきれいな花が一杯咲いていてとてもとても良いにおいがあたり一面、いっぱい立ち込め、もう身も心もうっとりとそれはそれは口では言えん位幸せな良い気持ちで、その間の時間がどれ位経過したものやら…」

・昭和五十三年、藤沢の話

「一段ベッドの上で眠っていた私の所に、死んだ舅とひとりぼっちになった姑が来て『ようく信ちゃんは眠っている。今のうちにお前もおいで』と言って、舅が姑を天国へつれていこうとした。姑も喜んで舅の背中をたたきながらついていこうとした。私はとっさに起き上がり『おばあちゃんは行っちゃダメ、今行っちゃったら困るでしょ、わたしだって』と叫んだ。夢ではなく、本当に二人の姿を横に見ていたのだ。その私が叫んだ時、姑はふーと分からなくなっ

天上に昇る祝福された者たち
（ヒエロニムス・ボス画　1500年頃ヴェネツィア、ドゥカーレ宮殿）

て、死のうおじいちゃんの後を追ってと思ったそうだ。でも私の声で戻ってきた」。

・昭和四十四年、宮城の話

「家へ入ると倒れ、足の先から冷たくなっていく。死ぬなと思っているうちに川のところへ出た。綺麗なはてしない川で小石の上をちょろちょろ水が流れていた。そこへ白い着物を着た五十位の男が来たのでつれちってくれと頼むと返事もせず、自分ばかり超えた。（…）こんな浅い川一人でいけねえことはねえ、頼まねえと怒ってねえ、尻はしょりしてえ草履脱いでその川へ一足入れた。そのつめてえこと、氷水のようでズーンと体を突き抜け、そん時命をふき返した」。

最後に立花隆の『臨死体験』から一例。「しばらく病室の中でフラフラしていると、そこに強烈な光がさしこんできました。その光がジョンの方に近づくと共に、どんどん大きくなり、どんどん明るくなりました。その光の中央の部分がポッカリ開くと、そこに、彼の妻のダスティがいて、ジョンに向かって手をふっています。」これがダスティの死の告知だった。

なお、キューブラー・ロスによると、死は繭から蝶が離脱するようなものという。そのような臨死体験もあるかもしれない。花野に蝶が飛んでいる光景はそのひとつだろう。ギリシャの壺絵では死者の身体から翅のはえた霊魂が飛びたってゆく様子が描かれる。

五、死の起源の神話

死の原因として明白なものは戦闘、災害、溺死、病死、毒殺、斬殺などだが、昨日まで元気だったものが今日になると突然死んでしまうようなときは、なぜ死ぬのだろうと考えてもわからず、しばらく魂呼びをしたり、殯《もがり》をして死体を見守っていたりした。それ以上に死者がどこへゆくのか、なにをしているのか、あの世で衣食住に不自由しないかという疑問と気がかりが人間にとりついていた。それに対して、戦場での死においては、刀や槍で致命傷をうけて死ぬのであって、死は明白で、復活を期待することはなく、戦場での死者はヴァルハラへ招かれると北欧では信じられていた。そこでの生活は何不自由のない、愉悦に満ちたものので、互いに殺し合いをしても翌日は生きかえっていて、また戦闘を再開するというように、死後の生活は説明されていた。そのような説明体系のない社会では、生きている人間と死者を分けるものとして、死の起源の神話が語られた。

バナナタイプ

セレベスの神話。神が天から石を下ろしたところ、人間はそれを取らず、別なものを求めた。そこで天はバナナを下ろした。人間は喜んでそれを食べた。そのために人間の寿命はバナナのように短くなった。日本神話ではニニギノミコトがコノハナサクヤヒメを見て妻にもらおうとするが、姫の父親が、姫にそえて、みにくい姉のイワナガ姫をつけてやったところ、ニニギノミコトは、姉のほうを送り返した。その結果、人の寿命は石のようではなく、花のように短くなったという話はこのタイプとされる。

脱皮型

ガダルカナルの神話。人間はもと蛇のように脱皮をして若返っていたが、ある時子守をしていた老婆が脱皮をして若返ると、子供が見知らぬ女だと思って泣き出してやまなかった。そこで老婆はもとの皮をかぶってもとの老婆になると子供は泣きやんだ。以来、人間は脱皮せずに死ぬようになった。脱皮は蛇のほか、セミや蝶などの昆虫の変態でも日常的に目撃されていた。宮古島ではアカリヤザガマという使者が若返りの水である変若水と死に水をいれた二つの桶をもって、地上につかわされたが、人間に与えるはずであった変若水を蛇に奪われて人間には死に水しか与えられなかったと語る。

伝言型

ブッシュマンの神話（『世界神話事典』）。月は「人間も月のように、死んでもまた生き返れる」という伝言をもたせて亀を派遣した。あまりに亀の歩みが遅いので、さらにウサギを派遣したが、ウサギは急いでかけてゆくうちに伝言を忘れてしまい、「死んだら死んだままでいなければならない」と間違えて人間たちに伝えて、そのとおりになった。

月の蛙

中国で弓の名手羿が崑崙山の西王母のところから不死の薬をもらってきたが、彼の留守中に妻の常蛾がそれを盗んで月にのぼってしまった。月ではガマガエルの姿になってうずくまっている。このときから地上では人間たちが死ななければならなくなった。

この話で、人間が不死ではなくなったことの原因は常蛾であるとされるが、月自体、盈虚と死と再生を繰り返す不死の象徴だった。それに対して、月の女神を天空の神々の世界から追放した人々は死ななければならなくなった。月の信仰が太陽神崇拝にとってかわられたのは日本の場合だけではない。そして月にかわって天空を支配するようになった太陽は、毎日西の空で死を迎える。翌日朝になれば太陽は東の空に復活するのだが、朝日の復活より、夕日の死のほうが、太古の人間にとってインパクトが大きかったのかもしれない。朝日はどんなに輝かしくともしばらくすれば、天頂にのぼって曇天であれば雲間に隠れ、いずれにしても夕方には西の空に没する。太陽に復活の象徴をみたのはエジプトである。ほかの地域では太陽洞窟のような死のドラマが神話化され、月がもっていた再生の原理は忘れられる。太陽を射落とした羿をうらぎった常蛾が月女神になったことと、常蛾が不死の薬を持ち去ったこととは、無関係ではない。太陽は死すべきものであり、再生する月は常蛾の神話において、二七日ごとの死と復活の象徴となったのである。

蝶としての魂

日本でも外国でもよく語られる話で、寝ている人の魂が蝶や蜂になって飛んでゆくが、そのあいだに寝ている人の体を動かすと、魂が戻ってきたときにもとの体をみつけられなくなって死んでしまう。

体外の魂

臨死体験に近い症例で体外離脱があるが、昔話では巨人や魔法使いが自分の魂を体外の木のうろなどに隠しておいて、不死身になる。その魂をウサギやハトのからだのなかに隠して、その小動物をさらに森の奥の洞穴のなかなどに隠しておくこともある。あるいは日本の山姥が、行燈に灯をつけて、山の中で糸繰をしているのを鉄砲打ちがねらってもまるであたらないが、行燈をねらって打つと、山姥が倒れるという話がある。西洋では影をねらって打つと相手をしとめることができるという話になることが多い。これらは魂が行燈や影に移行しているのだろう。

マオリ族の冥界下り

ニュージーランドの先住民マオリ族の伝承。タネは、土で女をつくり、それと交わってヒネをえた、そしてヒネが大きくなるとこれを妻にしたが、その事実を知ったヒネは自殺して地下の大女神になった。タネはそのあとを追って、冥界へゆき、ヒネに戻ってくれと頼んだがヒネは断った。

マオリの文化英雄マウイは不死を求めて、西の空の果ての「偉大なる夜の女神」ヒナのもとに行き、女神のからだに潜り込み、口から出てこようとしたが、一緒にいった鳥たちが笑い出したので、女神が目をさまして、マウイを押しつぶして以来、人間たちは死ななければならなくなった。

死神に捧げるソンネ（ネルヴァル「アルテミス」）

十三番目が戻ってくる……それはつねに最初のもの

そして唯一のもの――あるいは唯一の時
なぜならそなた、女王よ、最初のそれとも最後の？
そしてそなた王よ、唯一のそれとも最後の恋人？
ゆりかごから棺のなかまで愛してくれたものを愛せよ
わが愛したものはいまもやさしく愛してくれる。
それは死――あるいは死んだ女。おお喜び、おお苦しみ！
彼女が手にしたバラはタチアオイ[98]
手に火のあふれるナポリの聖女
紫芯のバラ、聖女ギュデュールの花
その十字架は空の砂漠でひろったのか？
落ちよ白ばら！　われらの神々をなみするもの
落ちよ、白い亡霊、燃える空から
――深淵の聖女こそより尊い！

ネルヴァルにとって唯一の女性は、死んだ母であり、大いなる女神イシスであり、マリアだった。その唯一の面影を地上のさまざまな女の上に求めてさまよったが、十三番目の女も、十三時が一時になるように、唯一の女の立ち上ってきたまぼろしだった。そして、彼女、女優が死んだとき、彼は死人どもによって救われるという希望を抱いた。

聖女ギュデュール
（アリス・マッカラン・スワン画　20世紀初め）

背景はブリュッセルの聖ミカエル聖堂、一般には聖ギュデュール教会と呼ばれている。ナポリの聖女は聖ロザリア。

III 亡霊の神話

ギュスターヴ・モロー《パルカと死の天使》1890年
パリ、ギュスターヴ・モロー美術館

パルカたちは冥府に属する運命の女神。パルカに導かれた死の天使の訪問を人間は決して拒むことができない。モローは「サロメ」などではくっきりした輪郭の美女の肌の上にアラベスク模様を細かに描いたりしたが、「ヘレネ」連作あたりからは、朦朧とした人物像に死の天使などを描いた。

亡霊というのはどこから出てくるのだろう。死んだあと楽園へ行ったものはこの世に戻ってくる必要はない。幸せな亡霊は普通はいないのである。柳田国男の『先祖の話』に祖霊の姿を見る「幻覚」について語るところがある。「暮れに子供らが集まって、正月様どこまでと高くとなへていた、その正月様なども老人であったらしく、彼らの歌言葉によってその幻影がやや推察し得られるが、これはまたその感じを覚えているものがあることであらう。遠く離れた福島県の海岸地帯では、その正月様は十五日のトンド焼の煙にのって、還って行かれると言い伝へ、夕方その煙を通して西のほうをじつと見ると、ちようど高砂の尉と姥のやうな白髪の老二人が、髣髴として現れるなどといつていた」[87]。先祖様は白髪の老翁としてあらわれるのである。年々決まった時期に、生きていた時に暮らしていた村に戻ってくる姿が髣髴として見えるという。この先祖様はあえていえば幸せな亡霊であろう。亡霊のことをフランス語ではルヴナン、すなわち戻ってくる人とよぶのである。一般には地獄で責め苦にあっている亡者も地上にさまよい出る余裕はない。死んでも死にきれない亡者が戻ってくるのである。

亡霊があらわれる理由

亡者が戻ってくるにはいくつかの理由がある[38]。ひとつは地上の友人をさらってゆくためである。友人あるいは恋人であることもあろう。レノーレ伝承では、死んだいいなづけが夜中にやってきて、墓場へかつての恋人を連れてゆく。亡霊の花嫁である。第二は地上にし残したことがある場合である。あるいは財宝を隠しておいて、しかるべき措置をしなかった場合である。『今昔物語集』では地上に残した財宝への執着が亡者にとりついて、成仏を妨げている例がいくつも報告されている。地上でし残したことには、復讐もある。殺された恨みが亡者をして、地上に戻らせる。彼を殺したものをとり殺すまでは成仏できないのである。殺された恨みだけではなく、妻を寝取られた恨みもあるだろうし、恥をかかされた恨みもある。怨恨は亡霊の出現の重要な原因である。怨恨、財宝への執着、性的妄執などのほかに以下、いくつかの特異例がある。ひとつは生前の悪行のために救いの時が来るまで贖罪のために地上をさまようのである。さまよえるユダヤ人もそのひとつであり、「呪われた狩り」もそうである。安息日のミサを抜け出して、鹿を追っていた暴君は、隠者の目の前で鹿を殺して、隠者によって、未来永劫に天空で幻の獲物を追って狩りをするように呪われたのである。オーストリアでは「ムオーデルの軍勢」という。幽霊あるいは死者の軍勢で、夜、とりわけ好んで四つ辻の地所を、地上から一尺ばかり離れて飛んでゆく。「そのときはものすごい叫び声や吠える声や轍の響きが聞こえる」。この軍勢に出会うと、その群れのなかに引きこまれてしまうが、それを避けるには傍らに十字架があれば、それにしがみつくのである。彼らは浮かばれない死者たちで、戦場で倒れたものばかりではなく、溺死、轢死など不慮の死をとげたものも含まれる。しかるべき葬儀をし、墓標をたて、供養をしたものはその死者の軍勢には入らない。

死の儀礼は死者をして死者たらしめる装置である。個体が死んだあと、のこされたものが、逝ったものの死を儀礼

レノーレ伝承では、戦死した婚約者があらわれ、彼女を墓場へと連れてゆく。
（フランク・キルヒバッハ画　1900 年頃）

によって完遂する。アリエスのいう二人称の死である。それをおこたると死者は死の儀礼を求めて「戻って」くる。怨恨をいだいた幽霊にしても、彼や彼女を死にいたらしめたものに社会的制裁がおこなわれれば、死者自身が報復を求めて戻ってくる必要はない。三人称の死が完遂すれば、霊はしずまる。

地獄の劫罰

オーストリアの伝説「オストロロングの前掛け女」は財宝への執着からというより、貪欲な一生の贖罪のためにかつて住んでいた城の周りに舞い戻ってくる幽霊だ。彼女は死ぬ前に、その財宝が貧しい縁者たちに分けられることを嫌って、城壁の下に隠したのである。彼女の特異点は前掛けをしていることで、城の女らしくない出で立ちだが、そのなかに財宝をいれていて、人に会うとその前掛けをなかみごと教会へ持っていって寄進してくれと頼むのである。しかし、頼まれたものが好奇心をだして、教会へつく前にその前掛けの中身をのぞいてみると、それは真っ赤にやけた炭火にかわってしまう。おそらくそれは彼女を焼く地獄の火なのだろう。

「グライフェンシタイン」という物語では奥方と小姓との仲をうたがった騎士が、小姓を地下牢へ閉じこめて、その石段のてすりがすりへるまで、牢から出さないと宣告したあとで、みずからが足を踏みはずして地下牢に落ちこんで死に[89]、以来、階段のあたりに幽霊となって出るようになった。これは地獄の劫罰をうけつつも、よりきびしい裁きが確定するまでさまよう霊なのであろう。

ドナウエシンゲンの幽霊は特にクリスマス前後に出る幽霊で、ヴュルステンベルクの侯爵が、領内の池を埋め立てて農地にして、農民から小作料を絞りとっていたのを恨まれて、幽霊になって出るのだという。恨みのある幽霊ではなく、恨まれる幽霊である。（『世界神話伝説体系25』）

亡霊はあの世の嫌われ者か?

亡霊は上記のように怨恨や執着からこの世に戻ってくるが、阿部謹也氏はこの世の共同体で受け入れられなかったものは、死後の世界でも受け入れられず、この世に迷い出るという。この考えは一見的を射ているようで、よく考えるとおかしい。亡霊というのはこの世の現象であり、あの世で、共同体に受け入れられているか、村八分になっているかは、亡霊に出会うこの世の人間にとっては関係のないことである。この世で嫌われていたものは、死後も「この世」で嫌われるのであり、「あの世」で嫌われているかどうかはこの世の亡霊観にとっては関係のない話である。それに亡霊となるものがみなこの世で嫌われていたものであるかどうかも問題だろう。愛されていた男女が死んで、もとのパートナーのところへ戻ってくるときは、嫌われものだったからではあるまい。愛する家族をのこして死んだものが、家族に会いに戻ってくる場合も、家族のほうでもその亡霊の出現を心待ちにしているということもあるだろう。死後、ミサをあげてもらえなかった、供養をしてもらえなかったために、この世に戻ってきて、ミサや供養を求める話では、この世での関係が悪かったものが亡霊になる率が高そうだが、たんに死者は生者には関係がなく、忘れられていたという場合もあるだろう。その場合はとくに嫌われものだったから、ミサをあげなかったのではなく、むしろ好きも嫌いもなく、関係が薄かったということではあるまいか。が、いずれにしても供養を求めて出てくる亡霊もいるということである。もちろんそれは幽霊を見るものの心的状態によるもので、死者の供養をしていなかったという自責の念が幽霊を見させるにちがいない。愛ゆえによみがえってくる幽霊も、死者を求める心が見させたまぼろしである。

屋久島の民話に「娘のモーエと若者」という話がある。モーエとは幽霊のことである。若者が伊勢参りをする。途中で若い女に会い、一緒に伊勢へつれていってくれと頼まれるが、断る。すると娘は井戸に身を投げて亡霊になり、若者に取り憑こうとする。しかし若者は「神さん」のところへいって、墨でからだに南無妙法蓮華経と書いてもらう。それが三日つづいて、娘は成仏するのだが、名号をかく「神さん」というのが奇妙である。これは神社の神主のことでもあろうかと思われる。がその場合は神仏習合の神社であろう。

（『日本の民話　屋久島編』）

一、世界の亡霊譚

鬼の女房　ロシア

ある男がヴァイオリンをひいていると、曲にあわせて踊るような軽やかな衣擦れの音がする。なんとかその幽霊の正体を見ようとして、明かりを隠しておいて、見ると美しい娘だ。父親に呪われて、水底の鬼のところにやられたのだという。やがて娘はどこかの鬼のところに嫁にやらされることになったといって別れを告げにくる。男はやけを起こして、酒浸りになり、一文なしになって、川に身投げしてしまう。ところが、水の底には鬼の町があり、別れた娘が鬼の女房になってそこにいた。男は鬼の女房のいうとおりに鬼の宝をもらって地上に戻ってくる。この女のことを「幽霊」とは一度もいっていないが、最初からそのあらわれ方は幽霊そのものだし、川底の国は死者の国にちがいない。そこに住んでいるのは水の精霊である。幽霊がちょっと浮気をして、男との短い情事にふけっていたのだ。恋する幽霊である。

（『ロシアの神話伝説』世界神話伝説体系 32）

娘を連れていこうとする死んだ母親　ロシア

母親が死んで子供たちが残った。その母親がやってきて、娘をつかんで一緒につれていこうとする。それが幾晩も繰り返えされる。亡霊をふりきるには、りんごをもって日の出前に四つ辻に行き。釘で穴を一二個あけるようにと年寄りがいう。四つ辻で何らかの呪術をおこなうと、幽霊をやっかいばらいできるのだ。リンゴはなにになるのかわからない。

（『世界の魔女と幽霊』）

白い洞窟学者　ロシア

洞窟学者の女性がとある洞窟の中で、仲間とはぐれ、落盤にあった。絶望していると、白い服をきた男がどこかからかやってきて、彼女を地上へ戻してくれた。そしてひとりで洞窟内へ戻ろうとするので、大丈夫？ときくと、生きているうちは怖かったけど、いまは平気だと答えた。危険な状況で助けてくれる幽霊である。炭鉱や金属を掘り出す坑道で白い服をきた幽霊が出てくる話も多い。少し前には坑内で死んだ馬が亡霊馬になって走り回るともいわれていた。溺死などと同じく坑内の事故死は死体も収容できないことが多く、供養を求める死者の霊がさまようのだろう。

（『世界の魔女と幽霊』）

さまよえる幽霊　ロシア

毎晩、棺桶を引きずっているような音がした。一人の老人が幽霊をつかまえて、どうしてさまよっているのだと問いただすと、母親にひどいことをして、呪われて大地の憩いを禁じられているのだといった。そこで、その母親の住まいをきいて、そこまでいって、これこれこうというと、その母親は、「この時を待っていた。息子を許します」といった。以来、棺桶を引きずる音はしなくなった（『世界の魔女と幽霊』）。大地に埋められて永遠の眠りにつくことが、かつてのヨーロッパのひとびとの願いだった。それがかなわないと亡霊になって出るのだった。ポルターガイストも墓の安らぎを与えられない霊がさわぐのだ。

ヨーロッパでも最近は火葬が増えて、幽霊も少なくなった。

異郷へ落ちた男　ロシア

ある男が馬に乗ってゆくと、ふいに体が飛んで、何か柔らかいものの上に落ちた。それは干し草の山だったが、あたりは真っ暗でどこへいけばいいのかわからなかった。とふいに歌が聞こえて、白い装束の女が歩いているのが見えた。娘は干し草を荷車に積みだした。男はそれを手伝ってやったが、娘は突然気分が悪くなったように呻きだした。男は娘を干し草の上に乗せて車を押して歩いていった。やがて娘の家へついた。男はそのままその家へはいり、何日もすごした。娘はずっとわずらっていた。それを治すのにシャーマンがよばれた。シャーマンは男を見て、外へつれだし、馬に乗せて、目隠しをして馬を走らせた。やがて馬が止まったので、目隠しを取ると、そこは故郷の村だった。

地下の異界はひとびとの白い衣装でもわかるとおり冥界である。

（『世界の魔女と幽霊』）

皇帝の娘　ロシア

このロシアの話でも皇帝の娘は死んで鬼になる。毎晩一人が棺桶の番をするのだが、翌朝はかならず、鬼に食べられてしまっている。しかし若い商人は老人の助けによって通夜を無事に切り抜け、生き返った皇帝の娘とむすばれる。死者自身が鬼になるのではなく、地獄の鬼が出てきて、死者の通夜をするものを八つ裂きにしたりして苛む場合もある。死者が生前に犯した罪のために真っ黒になっているのを、鬼を無視して通夜をやり通した結果、黒い死者が白くなるという話もある。

（『ロシアの民話』）

幽霊と雷　シベリア

あるとき幽霊が出るという場所で夜を明かしていると、小さな子供がやってきて、おれはお前の兄だという。母親がまだ嫁入り前だったときに生まれた子供で、スキャンダルを恐れた母親が殺して橋の下に捨てたのだ。そのあと結婚してお前が生まれたのだから、おれはお前の兄になる。おふくろは雷に打たれて死ぬことになっている。そこまで言って子供はいなくなったが、翌日、激しい雷が落ちて、家へいってみると母親が雷に打たれて死んでいた。この亡霊はおそらく、母親が落雷で死ぬことを予告しにやってきたのだ。亡霊の出現が凶事を告げるのである。この本にはほかに、森の中で焚火をしてその周りで歌ったり踊ったりしていた亡霊の話もあるが、ここには特に凶事の予告はない。雷を予告した子供の幽霊は殺された恨みを晴らしにきたのだが、焚火の周りの亡霊たちは、とくに晴らすべき怨恨はなかったようだ。

（『シベリアの神話伝説』世界神話伝説体系 10）

死者の国へ行ったおじいさん　グルジア

馬がいなくなったのでさがしていると、女がきて馬がいるところを教えてあげるという。そこで老人は女についてゆくと、女は一軒の家へはいり、扉に鍵をかけて、わたしと寝ればここから出してあげようという。老人は怒って、つまらんことをいうなという。女は扉をあけて、この道をまっすぐいけばいいという。道はしかし四つ辻に出る。そこで老人が途方にくれていると、馬に乗った若者がきて、どうしたときく。これこれこうでというと、若者は馬に乗せてくれたが、さがしていた馬が見つかったかどうかはわからない。このあと老人は病気になって冥途へつれていかれたとなっている（『世界の魔女と幽霊』）。

ヘラクレスが馬の群れを追ってゆくと、蛇女エキドナが馬を奪って、わたしと寝てくれれば馬を返すといった話を思い出す。スキタイの始祖の話だ。

死者を招待した話　ヨーロッパ

阿部謹也『西洋中世の罪と罰』に紹介された話だが、ある男が酒場で気炎をあげて家へ帰る途中、墓地でしゃれこうべにつまずいた。そこで、男は、「死んだあとも生きているときと同じように生活をしているということだが、ひとつ今晩の夕食にこないか」と誘った。すると本当に骸骨が戸をたたいて招待にこたえてやってきたのである。これは民間伝承ではよく聞く話である。招かれた死者がやってくるのである。しかしだからといってなにか不具合なことが起こるとはかぎらない。せいぜい死者の饗宴に招き返されるくらいのことである。メリメの描いた『煉獄の魂（ドン・ファン）』だと、墓に立つ石像の騎士を宴会に招待したところが、地獄へ連れ去られるが、民間伝承では、幽霊を招待しても幽霊に取り殺されるということはないようだ。ただ、幽霊を接待して供応すると食べ物がそのまま足元に落ちてしまう。逆の場合は、墓場で幽霊の供応をうけると、そのまま地獄に引きこまれる。地獄の食べ物を食べると死ぬのである。

モリエールにも『ドン・ジュアン』がある。

青髭の妻　ヨーロッパ

禁じられた部屋をあけると、青髭の七人の妻がつるされている。その女たちが亡霊になってきて、八人目の女の逃亡を助ける。首を絞めて殺されたひもを出して、これで城壁をおりてといったり、毒殺されたときの毒を出して、これで、犬を殺して逃げるようにといったりする。青髭の八人目の妻は七人の亡霊に助けられて逃げ出す。青髭のほうは逃げた女を追いかけて、林のなかで人狼に食い殺されたという。

ペロー版「青髭」の挿絵
（ギュスターヴ・ドレ画　1862 年）

これはヨーロッパ各地に伝わる民間のヴァージョンで、ペローの古典的テクストでは、女の兄弟がかけつけて女を救い、青髭を殺す。

金塊を守る黒犬　ヨーロッパ

「ヴェニス人の飛行」という奇妙な話では、湖の底に隠されている金塊を取りにヴェニス人がいって、魔法で湖の水を分けて、その底から金塊を取りだして、そのありかを教えた農夫にもかなりな塊をおいていったのを農夫はあるところに埋めておいた。やがて農夫が死期を迎え、下男にその金を取ってくるようにいったところ、恐ろしい黒犬がいて、近づけなかったという。が、それを告げに帰ってきたときは農夫は死んでいた。この黒犬はおそらく農夫の亡魂がとった姿だろう。下男に金を掘り出してくるように言ったあとで、死んだのである。死んでみるとせっかく隠しておいた金をだれかに取られてしまうのがおしくなって、黒犬になって、金の番をしていたのだ。幽霊が犬その他の動物になってあらわれる例も少なくない。また、ポルターガイストの場合は姿の見えない幽霊で、家具や食器をひっくりかえしたり、物音をたてたりして人をおびやかす。

ルクトゥが『死とあの世と異界』で紹介した話では、夜の森を騎行しているとだれかがついてくる。そのあたりの城主だった伯爵で、旅人を城につれてゆく。そして、短刀を胸に刺された女の棺桶を見せる。伯爵はその罪をつぐなうために亡霊になって、旅人をつれてきては己が罪を見せるのだ。贖罪の亡霊だが、教会で罪を告白するのではなく、旅人をつれてきて、彼の罪の様子を見せるのだ。どうやらそれによってはこの亡霊は救われることはなく、未来永劫に呪われているのだろう。この場面の最後はがらがらと猛烈な音がして、棺桶も伯爵も地底へ落ちこんでゆく。これは罪滅ぼしのできない贖罪の幽霊だろう。

洗礼を受けない水子　ヨーロッパ

男が妊娠中の妻をおいてサンチャゴの巡礼にでかけた。ある晩、小さな子がやってきて、おとうさん、ぼくはあなたの子供だよという。留守中に子供が産まれて、そのまま埋葬してしまったのだ。子供に名前をつけて洗礼をしてやると子供は大喜びをした。洗礼を求める幽霊である。家へ帰って事実を確認した男は妻を離縁した。聖地巡礼をめぐる怪異では、「マグダラのマリアの説教」もある。キリストに帰依して子をさずかった王が、王妃をともなって聖地へ巡礼にゆく。途中で、臨月の后が儚くなり、遺骸を小島において巡礼をつづける。帰りにその島によると子供が産まれていて、后の乳をすって元気に育っている。后の言うにはマグダラのマリアがやってきて助けてくれたという。サンチャゴ巡礼の奇瑞では、親子で巡礼に出てとある宿屋で、銀器を盗んだという嫌疑をうけてつるし首になった息子を置いて、巡礼をつづけて、帰りにそこへ寄ってみると、首つり台にさがった息子が生きていた。聖者が彼の足をささえてくれていたせいだという。日常空間から聖地という聖なる空間へ旅立った巡礼はその瞬間から聖なる空間に包みこまれているのである。巡礼の途中で死んでしまったものが霊になって巡礼をやりとげたという話もある。巡礼路を歩いていると先のほうに先行者が見える。旅の道連れにしようと足を速めてゆくと、すっと姿が消えてしまったということもある。四国巡礼でも同行二人といって、ひとりものの巡礼に霊があらわれて同行する。

白い野ウサギ　イギリス

ある男がいいなづけを捨ててほかの女と結婚した。捨てられた女は生まれた子供を殺して死刑になった。その後、男のゆくところには白い野ウサギがついてまわるようになった。そしてある日、男は廃坑の穴のなかで死んでいた。イギリスでは魔女がウサギに化けるという。この白い野ウサギは捨てられた女の亡霊だった。フランスの人狼譚では、捨てられた女が白いむく犬になってつきまとう。

（『世界の魔女と幽霊』）

幽霊駅馬車　イギリス

幽霊船といえば、だれも乗っていない船が大洋をあてどなくさまよっているものだが、もちろん死者が乗っている場合もある。そして幽霊船があるなら、幽霊馬車、幽霊列車があっても不思議はない。実際、深夜の最終便がとおりすぎたあと、ダイヤに載っていない列車が走ってくる話がある。そのうち幽霊飛行機も空を飛ぶかもしれない。少なくとも離陸した後どこにも不時着も墜落もした形跡がないのに行方不明になった旅客機があるのである。このアメリア・エドワーズの幽霊駅馬車は、だれも乗っていない駅馬車ではなく、死人が乗った駅馬車だった。狩りに出て大雪に遭ってやっと飛び乗った駅馬車が、九年前に同じ道路で崖下に転落して乗員が全員死亡した駅馬車だった。乗っていたのはそのときの犠牲者である。そして九年前と同じ場

アメリア・エドワーズ『幽霊駅馬車』挿絵

所、同じ時刻に崖下に転落し、語り手だけが奇跡的に助かったのである。現代の都市伝説では消えたヒッチハイカー、あるいは消えたタクシーの客というのがあるが、幽霊を乗せた車の話である。こちらの話では逆に幽霊馬車に乗り込んだ話である。あるいはそれは存在しない馬車だったかもしれない。幽霊屋敷といえば、幽霊が出る家だが、その通りのその番地には家が建っていないという存在しない幽霊屋敷もあるだろう。死者の国というのがほとんどそのようなものだ。なおこの幽霊馬車は、馬車自体が亡霊馬車だが、乗客たちも亡霊である。毎年同じ日、同じ時刻に走っていって、同じところで崖下に転落する。習慣になって出てくる幽霊ともいえる。おそらくしかるべき供養をすれば出てこなくなるのだろう。

生きている死者　スコットランド

ある男の妻が子供を産んで産褥で死んだ。そこで男は子供を育てるために近くの女と再婚することにした。すると死んだ妻があらわれて、子供に乳をふくませ、自分はいまエルフランドにさらわれてきている。どうか墓を暴いて、救いだしてほしいという。それが三日つづいて、困惑した男は牧師に相談した。牧師は死者の国とこの世のあいだにエルフの国などがあることは認められない。それは悪魔の誘惑にちがいない。再婚を急ぐようにと言う。そのとおりにして、以来、死者の亡魂はもうあらわれなかった（ウォルター・スコット）。中国では再婚した夫をうらんで妻の亡霊がやってきて夫の陰部を切り取ってゆく（澤田瑞穂）。ここでは幽霊が中間的なエルフランドに住んでいることが明示される。

魔法にかけられた白い女　ドイツ

羊飼いの少年が羊を追っていると、井戸の淵に腰を下ろした白い衣の女が声をかけた。森へ行って、もみの木の根方にある盃を取ってきてほしい。そのときになにがあっても声を出してはいけないというのだ。少年が森へゆくと確かにもみの木の下に盃があった。しかし空を見上げると大きな岩が細いひもでつるされていまにも落ちそうになっている。少年が思わず声を上げると、女にかかっていた魔法はまた何年も先までに延ばされてしまった（『世界の魔女と幽霊』）。白い衣の女は、ヨーロッパ各地で女の幽霊をさす言い方である。なお、同書のカナダの伝承では「灰色の婦人」となっている。これは英国風の言い方かもしれない。この女がどんな呪いをかけられていたのかわからないが、なにか簡単な用を頼んでそれをしてやると魔法がとけることが多い。ただし竜だの獅子だのが出てきたりしても、怖がってはいけないのだ。中世説話では「おそろしい接吻」のモチーフである。魔法にかけられて蛇や蛙になっている王女に思いきって接吻をすると魔法がとける。

スコットランドの古城にあらわれた白い貴婦人
（オペラ・コミック『白衣の婦人』の一場面）

古城に現れた「白い貴婦人」
（ジュール・ヴェルヌ『カルパチアの城』挿絵　1892 年）

母の涙　ドイツ

幼い子供が死んで母親は毎日泣き暮らしていた。そんなある日、死んだ子供の亡霊があらわれて、あんまり泣かないで、そんなに泣かれると着物がぬれてかわくひまもないと言った。母親は泣くのをやめて、以来、着物がかわくようになったと子供の亡霊が言った。

（グリム　一〇九番）

ウインデッグの幽霊　ドイツ

ウインデッグの城には美しい乙女の幽霊があらわれる。ある若者がその幽霊に恋をした。彼は幾晩もその城の廃墟にかよった。そして最後は幽霊に取り殺された。

（『ドイツの神話伝説』世界神話伝説体系23・24）

死者の子　ドイツ

ある女が臨月の身で死んだ。小商いの屋台にはちみつを買いにくる女がいた。乳が出ないので、そのかわりにといっていた。その話をきいて妻を亡くした男は妻の墓にいってみた。すると、かすかに子供の泣き声がきこえる。棺桶を掘り出してみると男の子が死んだ女の腹の上にいた。男はその子を連れ帰って育てた。日本では「夜泣き石」「子育て幽霊」の話で、峠で死んで埋められた女が墓のなかで、子を産んで、その子にしゃぶらせる飴を買いに峠の茶屋に夜な夜なやってくるという話がある。掘り出された子供はのちに高僧になる。「子育て幽霊」には墓のなかで産まれた子供に飴をなめさせるものと、地上に残してきた子供に乳をやりに戻ってくるものがある。幽霊の女が生きている男のところへかよって子供を産む話もこれに近い。ワルター・マップが紹介しているフランスの中世の説話では、妻を死なせて、埋葬した男がとある谷間で大勢の女たちと一緒にいる亡妻を見て、家に連れて帰る。やがて子供も産まれる。その子孫も栄えている。

（『世界の民話1　ドイツ・スイス』）

母の亡霊　ドイツ

ヒュルステンベルク男爵は若い妻とのあいだに息子をもうけた。そこへ妖婦アミナがやってきた。男爵夫人は不審な死をとげた。アミナは一週間も経たないうちに男爵夫人となった。そのころから城には幽霊が出るようになった。

幼子のゆりかごをゆすってやるのである。アミナは毎晩あらわれる亡霊に脅えて僧院にはいることにする。男爵も城に暮らしてゆくことが恐ろしくなり、山中の一軒家に隠棲した。子育て幽霊のヴァリアントである。

（『ドイツの神話伝説』世界神話伝説体系23・24）

経帷子《きょうかたびら》を返せ　ドイツ

ある女が森へ薪をとりにいった帰りに道端に捨てられた死体を見つけ、死体の着ていた経帷子をはぎとっていった。するとその夜から幽霊がやってきて、わたしの経帷子を返してという。結局、取ってきたものを返しにゆくまで、幽霊の出現はやまなかった。死衣としては、シーツでくるむだけのこともあるが、地域によっては最大の盛装をさせることもある。死者の指輪を取ってゆくと、あとで、指輪を返してくれといってくることもある。あるいは逆に墓場で指輪を落として、それを拾った幽霊の女が、指輪をもらったのだから、結婚してくれといって迫ってくるということもある。ヴィーナス像の指に結婚指輪をはめてしまったばかりに花婿がヴィーナスの銅像に魅入られる、メリメの『イルのヴィーナス』はそのテーマの変奏である。[90]

（『世界の民話　1　ドイツ・スイス』）

白馬の怪　ドイツ

ケルン公の奥方が当時流行った疫病に倒れて埋葬された。墓場荒らしの泥棒たちがやってきて、奥方の墓を暴き、宝飾品、とりわけ見事な指輪を取ろうとしたが、指輪はどうやっても取れない。そのうち、奥方が気がついて息を吹き返した。泥棒たちは肝をつぶして逃げだした。奥方は墓から立ち上がって、夫君の館へ急いだ。しかし公は、妻ならいまは墓のなかのはず。白馬が階段を駆け上がる奇跡がないかぎり、妻がよみがえってくることはないと言う。とそこに蹄の音がして、白馬が階段をのぼってきた。公は驚いて扉を開け、よみがえった奥方を抱きしめた。指輪の魔力を示した話でもあるだろう。がまた、たんなる蘇生譚かもしれない。蘇生した奥方はまっすぐ夫のところへ戻ってきているからだ。ゾラの話で早まった埋葬をされた男が、棺桶を壊して地上に出てくる話がある。墓から戻ったものは元の生活に戻れないのである。民譚ではそこは捨象されている。

（『ドイツの神話伝説』世界神話伝説体系23・24）

不死の花　オーストリア

オーストリアのグロイスバッハの谷間に水車小屋があった。その水車小屋の女房は永わずらいの床についていて、不死の花以外に助かる道はないといわれていた。彼女には親孝行の娘がいた。娘はそれを聞いて、不死の花を摘みに険しい山を登っていった。彼女はそこで山の女王に出会った。女王はそこにとどまれば、何一つ不自由のない暮らしがいつまでもできるという。しかし娘は母の病を治したい一心で、その申し出を断り、不死の花をとって水車小屋に戻っていった。母はすっかり元気になっていた。これはもちろん山中の異界の話である。そこにとどまれば、一日でも地上では一〇〇年が経っていたはずだ。もちろん母親は死んでいただろう。ふつうは青年が異界の女王の魅力にかなしばりになる。ここでは少女が女王に誘惑されるので、邪霊の恋の話ではない。幽霊話として紹介されているが、だれが幽霊だったのかわからない話だ。あえていえば、不死の国とは、死の国のことで、そこの住人は死んでいるので、それ以上死ぬことがないのかもしれない。

（『オーストリアの伝説』世界神話伝説体系25）

鍬の代金　ブルターニュ

ある男が隣人に市場で鍬を買う金を立て替えてやった。隣人はその金を返すまえに死んでしまった。男が田を耕していると、見知らぬ男が鍬をかついでやってきて、一緒に田を耕しはじめた。金を貸した隣人だった。金を返すまで責められるのだといって一緒に仕事をした。男はもうそれで十分だというと亡霊は消え去った。これは借金を返しに来た幽霊である。（アナトール・ル・ブラーズ『死の物語』）

パーナの復讐　イタリア

ある晩、男が川のほとりをたどって家路を急いでいた。

すると川で洗濯をしている女がいて、洗濯の水が男にかかった。男は、「洗濯をするなら、それらしい時間にしろよ」といった。それに対して洗濯女が「いまにみているがいい、わたしとおんなじ苦しみをあじわうから」と言った。家へ男が帰ってみると、妻が子供を産むところだったが、難産で、親子とも死んでしまった（『世界の魔女と幽霊』）。夜の洗濯女の怪異は、ヨーロッパ中で語られている。呪われた女たちで、死衣を洗ったり、水子を流したりしているのだ。日本の産女の怪を思わせる。夜の洗濯女はお産に関係のある幽霊である。この幽霊に声をかけたり、洗濯の手伝いをしたりすると大変なことになる。地獄にさらわれてゆくのだ。この話はジョルジュ・サンドにもある。

舞踏会の娘　イタリア

若者が祭りの日、踊りにいったが、知っている娘がいなかった。そのうち、同じように相手のいない娘に気がついて、一緒に話をし、一緒に踊った。帰りに送ってゆくと、寒いというので、上着をかけてやった。そしてまもなく、

仮面舞踏会
（フランソワ・ルソー画　1754 年　ケルン市立博物館）

ここでいいというので、別れた。翌日、そこへいって上着を返してもらおうとしたら、そこは墓地で、とある女の墓の上に彼の上着がかけてあった（『世界の魔女と幽霊』）。舞踏会のあと車で送ってやったらだれも住まない廃屋に消えていったという話もよくある。舞踏会は知らない者同士が出会う場である。幽霊にとっても都合のいい場所なのだろう。仮面舞踏会だとなおさらである。仮面をとったら骸骨だったとか、仮面の下はなんにもなかったといった話（ジャン・ロラン『仮面の孔』）もある。

見えない女　アメリカ

若者が一人旅をしていると、見えない女がやってきて、なにくれとなく世話をやいてくれた。五日目になると美しい女の姿が見えた。それ以来一緒に暮らしたが、女を火のついた薪でたたいてはいけなかった。あるとき、ちょっとしたいさかいがあって、男が火のついた薪をふりあげると女は骸骨になった。火のついた薪でたたいてはいけないというタブーはなにをあらわしているのかわからない。が、幽霊との生活はデリケートで壊れやすいもののようだ。これは世話女房のような幽霊だった。

（『世界の魔女と幽霊』）

幽霊の嫁　北アメリカ

アメリカインディアンの「幽霊の話」では、この世とあの世との中間的な幽霊の世界が語られる。「ある時、幽霊たちがお嫁さんを買いたいと思った」という。彼らはカケスに金を払って、その妹を買ったが、幽霊の花嫁は翌日には姿をくらましてしまった。カケスが妹をさがしにゆく。大きな村につくと、一番大きな家だけ、煙を立てている。妹はそこにいた。妹の傍らには骨がうず高く積んであった。それらの骨が夕方になるとむくむくと動き出して、人間の姿になった。妹は「この人たちと一緒に魚をとりにいきなさい」というので、川にいった。カケスが大きな声で歌いだすと、みんな骸骨になってしまった。幽霊たちはひそひそ声で話をする。大きな声を出してはいけないのだ。幽霊たちは川の中に網を投げて、木の枝などをとって、鮭だの鱒だのといっている。そのうちカケスは人間界に帰される。穴のあいたぼろぼろの舟に乗ってゆくのだ。その舟の上ではけっしてうしろを振り返ってはいけないといわれていたのに、つい振り返ってみた。そのとたんにカケスは幽霊の仲間入りをすることになった。そうなってみると穴のあいた舟と見えたものは新品のきれいな舟であり、木の枝と思ったものは本物の魚だった。幽霊の世界ではこの世と反対に見えるのだ。ここでいうカケスというのはカケス人間だろう。カケスの妹も幽霊だった。これは死者たちの世界の霊である。彼らは人間世界には顔を出さない。

冥府を訪れた男　北アメリカ

アメリカインディアンの「冥府を訪れた男」は、メディスンマン（呪術医）である。いちど冥府を訪れてみようとして、精霊たちを呼びだして、案内させた。彼らは床の下から下界へおりていった。下界では別の太陽があたりを照らしている。そこでは海も静かで、アザラシもたくさん獲れる。しかし、死んだ母親が彼を接吻しようとすると精霊たちが押しとどめる。また、その母親が木の実を食べさせようとするとそれもとめる。やがて男は地上へ戻ったが、息子を死なせてしまって、自分も生きてゆくのがいやになった。そこで小舟に乗ってこぎだして、ウミガラスなどをつかまえて食べるとすぐ死んでしまった。あの世の食物を食べると地上へ戻れないというのは汎世界的なモチーフである。これも死者の世界の物語で、霊たちは地上には出てこない。シャーマンのほうで冥府にゆく。

瓢箪のなかの魂　北アメリカ

アメリカインディアンの「瓢箪のなかの魂」は、死んだ妹をさがしに冥府へ行った男の話だが、途中、冥府への道をたずねた老人から魂をいれる瓢箪をもらってゆく。「死人の国」では亡霊たちが楽の音にあわせて、宙に浮かびながら輪になって踊っている。そこに妹もいたが、駆け寄って抱きしめようとするとするりと抜けだして、煙のように消えてしまった。次の機会に今度は瓢箪を妹のほうに向けると妹の魂はすぽっとそこにはいってしまう。男はその瓢簞を大事に抱えて、村へ帰り、妹の墓をあばいて、死体に魂を注入しようとする。ところが、好奇心の強い女がそれを見て、瓢簞の蓋を開けてしまったために、魂は逃げだしてしまった。冥府へ行く道がわかれば、生きている人間にも冥府へ行って死者に会うことができるのである。さらに、瓢簞に死者の魂を詰めてくることもできる。ただ、それを死者のからだにいれて、死者を蘇生させることは至難の業のようである。[91] ここでは死者の蘇生はできなかった。

幽霊の訪れ　北アメリカ

やはりアメリカインディアンの「幽霊の訪れ」では、下半身麻痺の少年が家にいると、幽霊たちがやってくる。そして彼らのことをだれにも話さないなら、健康な力持ちにしてあげようといわれる。事実彼は力が身体のなかにみなぎってくるのを感じた。しかし、そのことを家のものに話すと途端に力は消え去って、もとのとおり下半身麻痺になってしまった。寝たきりの病人や小児麻痺の少年などが幽霊と交感できるのである。あるいは足のない幽霊なども下半身不随なのかもしれない。幽霊というものが社会的存在理由を欠いているばかりか、身体的にも欠損のある不完全な存在で、その欠損をうめるために地上にさまよってくるのかもしれない。橘外男の『逗子物語』に出てくる少年の幽霊も寂しい霊だった。

煙草を吹かすドクロ　北アメリカ

変わった話は「煙草を吹かすドクロ」で、少年は見知らぬ男に誘われて、川の中の小島にいって、そこに放り出されてしまう。すると、そこにころがっていたドクロが、向こうの地面を掘って、煙草を取りだして、吸わせてくれれば、助けてやるという。いわれたとおりにすると、少年は助かり、さらに怪物にさらわれていた妹も助けだすことができた。ドクロはさらに、小島で、「みんな立ち上がれ」と言うようにという。そうすると、そこらじゅうから骸骨が立ち上がって、人間の姿になった。ドクロは援助者としての幽霊である。

人殺しの幽霊　カナダ

旅人が川のほとりで野宿をしようとすると向こうのほうに火が見えた。そこへいってみると全身ずぶぬれの男が火を焚いていたが、それは熱くない火だった。これは川を渡ろうとしていたある神父をおぼれ死にさせた男の幽霊で、濡れたからだを熱くない火でかわかそうとしている贖罪の幽霊なのだ。フランス系カナダでよく語られている話で、男は先住民で「おぼれさせた男」とよばれることが多い。

（『世界の魔女と幽霊』）

冥府の知らせ　メキシコ

メキシコの伝承だが、皇帝の妹が死んで、壮大な野辺送りののち、宮殿の下に埋葬された。ところが、その死者がよみがえって、皇帝に知らせを告げにきた。彼女が言うには、「先祖の方々が、死人の世界からこの世に送り返して、一大事をお知らせしようとしている」とのことである。一大事というのは、新しい神があらわれたということで、太陽のこどもたちを信仰するもののようである。いずれにしても、死者が、死の川を渡ろうとするところで、川を渡らずに、この世に戻って、新しい信仰を伝えよと言われたとのことで、これは幽霊のありかたとしてもめずらしい例であろう。信仰を伝える幽霊だ。

鬼女　南アメリカ

アンデスのケチュアの話で、夫が出かけたあと、幼子と留守番をしていた若妻が、通りかかりの女を呼び込んで、夫が帰ってくるのを待つことにして、料理をつくりだした。幼子が泣きだすと、女はその子をよこしなさいというので、若妻は幼子を女に渡した。しかし気がついてみると、女は幼子をむさぼり食っていた。

この話をルクトゥは亡霊話としているが、日本でいえば鬼女の話である。欧米でもアフリカでも亡霊は地上に戻ってきて、人を食う鬼になっている。

（クロード・ルクトゥ『死とあの世と異界』）

頭蓋骨と結婚した女　アフリカ

高慢な女があらゆる求婚者をしりぞけていたが、市場であるとき美男子に出会って即座に結婚する気になった。ところが相手は死者で、仲間から手足や頭など、借りて身につけてきた頭蓋骨だった。この世にいるあいだは五体満足だったものの、この世と冥府をへだてる境を越えたとたんに手足も頭ももとの持ち主に奪い去られてもとの頭蓋骨になる。それを見て女は逃げようとするが、死者はゆるさず、彼の家へつれてゆく。そこには腰のまがった老母がいて、女がその老婆に尽くしてやっているうちに、老婆に憐憫の情がわいてきて、風をよんで、女を地上へ返してくれる。

（『アフリカの神話伝説』世界神話伝説体系１・２）

雉子娘　日本

佐々木喜善『聴耳草紙』にある食人の話である。美しい嫁は毎晩墓場へいって死人を食っていた。あとをつけていった母親が声をかけると雉になってばたばたと飛んでいった。なぜこの女が食人鬼になったのかはわからない。前世の悪縁なのであろう。しかしさらにわからないのは、その本性が雉であったことで、死肉食いのカラスなどならともかく、雉にはそのような食性はなさそうである。「カラスの姉御」という話では、産土の森のカラスが女になって嫁になるが、時折カラスになって河原へ飛んでいって、捨てられた牛馬の死体をついばむ。カラスの性質としてはありそうな話だが、カラスの素性が産土の神だというのが奇妙である。神使としての狐や猿や牛とならんで鶏や鳩が出てきて、その延長でカラスが産土の神になってもいいし、事実産土の鎮守の森にはカラスが巣くっている。安芸の宮島でもカラスが神使である。その神使が神そのものになって信仰されている場合にも、カラスの本性が出て死肉食いをするのだろうか。

妄霊と組みあうこと　日本

『善悪報《ぜんあくむくい》ばなし』にある、いかにもありそうな話。ある男の下男がわずかなあやまちをおかして、主人に枕を投げつけられて死んだ。その後、怨霊となってあらわれて、主人ととっ組みあいとなって、主人を取り殺した。典型的な怨霊話である。枕を投げつけられて死んだというのも奇妙だが、木枕だったろうと『江戸怪談集』の注にはある。だとしてもたかが枕がぶつかって死んだのは半ば偶然の事故で、幽霊のほうでも同じように枕を投げるくらいでよかったのではないかとも思われる。これはおそらく枕だけではなく、つねづね執拗な折檻をうけていて恨み骨髄に徹していたのにちがいない。恨みを晴らす怨霊である。

亡魂水を所望すること　日本

同じく江戸期の『義残後覚《ぎざんこうかく》』にあり。ある男が墓地で「水をくれ」という女の亡霊に出会う。男は迷い出て人をたぶらかさんとする幽霊だろうと、刀でたたくと亡霊の姿はかき消すように消えたが、男のほうは、寝付いてしまって、ほどなく死んでしまう。その話をきいて、迷っている亡魂を成仏させてやろうと、念仏行をするものがその墓地へゆくとたしかに亡霊が髪ふりみだして出てきて、出家したいので髪をそってほしいという。男は念仏をとなえながら髪をそっているとやがて夜があけて、苔むし、蔦がからまった石塔の頭をかみそりでそっているところだった。この亡霊が水をほしいといっていたことと、髪をそるのに水がいるというのが、同じことなのか、ちがうのか判然としない。亡者が水をほしがるというのはありそうなことである。供養されている亡者であれば、水はいつも供えられているだろう。縁者もなく、供養もされない亡者であれば、水をほしがったのはもっともである。それと髪をぬらして剃髪するというのが話がつづかない。それに死者の菩提をとむらうのに、死者の髪をそる必要があるのかどうかで、どうも髪をそるというのはなくともいいことのように思われる。だからこそ、最後に、石塔の頭をそっていたという化け狐の話のようなおちがついているのだろう。なお、コラン・ド・プランシーの『地獄の伝説』にひげをそる亡霊の話が出てくる。深夜に長いひげを生やした亡霊が古い城にあらわれ、まず、その城を訪れた人のひげをそり、ついで、自分のひげをそらせる。何らかの贖罪のためにひげをそることを禁じられていた亡霊のようである。ある大胆なものが亡霊のひげをそってやると、亡霊はこれで救われたといって姿を消した。

幽霊女房　日本

子育て幽霊のヴァリアント。扇子屋の娘の応対が悪いといって、侍がその娘を斬る。両親が「家督がない」といって嘆き、武士に家督になってくれとたのむ。武士はそれを承知する。幽霊と武士とのあいだに男の子が産まれる。幽霊は毎日六文銭をくれといって銭をもらい、飴を買ってきて、子供になめさせる。両親がその様子を見て、幽霊に声をかけると、すうっと姿が消えた。前段の武士が扇子屋の家督を継ぐというのがほかに例のない話である。

（『日本伝説大系』）

頭白上人　日本

同じく子育て女房のヴァリアント。妊娠中の女が賊に殺される。女は毎晩五文銭をもって団子を買いにくる。あとをつけると横穴の中で子供が泣いている。穴のなかで育ったせいで、頭髪が真っ白で、のちに頭白上人とよばれる高僧になった。女の夫が仇討ちをする話がついている。

子育て幽霊の中国のヴァージョンでは飴や団子ではなく、うどんや豚肉になっている例がある。柳田国男はこの話全体を中国起源とするが、赤子がうどんをすすっているのは奇妙である（澤田瑞穂『鬼趣談義』）。ほかに死んだ母の亡霊が夜な夜な乳を飲ませにくるという話もあり、これはフランスのメリュジーヌの話と共通するものである。[92] 授乳幽霊である。

（『日本伝説大系』）

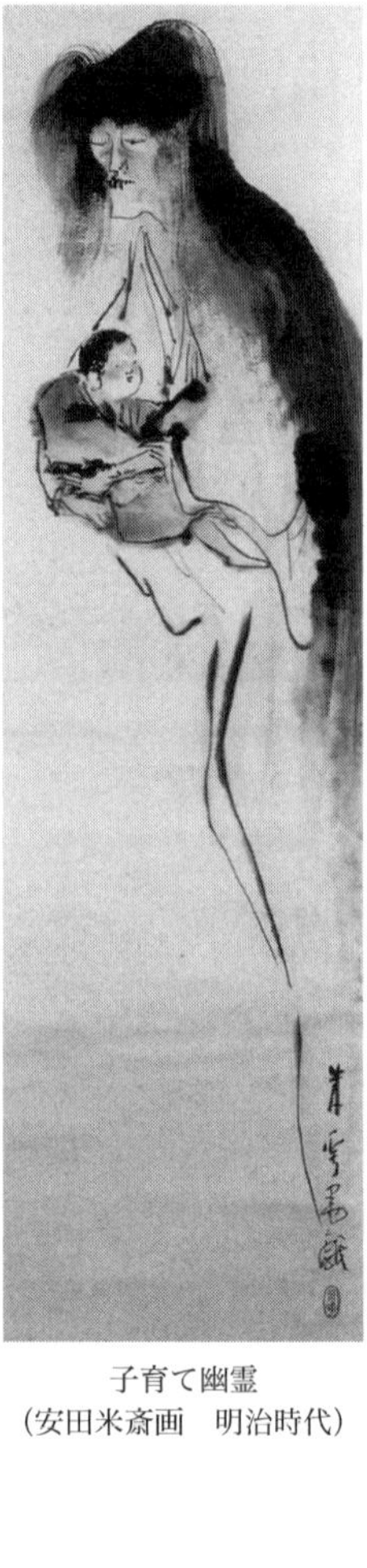

子育て幽霊
（安田米斎画　明治時代）

下女死して本妻を取り殺すこと　日本

『江戸怪談集』に収める。ある男が、しきりに呼ぶ声がするので振り返ってみると逆立ちをした女が舟に乗せてくれといっている。舟に乗せてやってしばらくすると、家の入り口にお札がはってあって入れない。それをはがしてくれという。そのとおりにするとその家の中で人が死んで騒ぐ声がきこえた。のちにその逆さ幽霊がやってきて、おかげさまで意趣返しができた。自分は庄屋の妾だが、本妻に

逆立ちをした幽霊
(『諸国百物語』1677 年)

殺されてその恨みをいま晴らしたのだという。幽霊の世界では万事この世とは逆だから、幽霊は逆立ちをして歩いているという。あるいは提灯から抜けだしてきた霊も頭から抜けだしてくるので、逆立ちになっている。

幽霊偽りし男を刺し殺すこと　日本

『宿直草《とのいぐさ》』にある幽霊譚のひとつ。越前に商いにゆく男が、商い先の問屋に働く下女にひとりものだと偽って手をつけた。女は津のほうの男の家へ蛙の姿でいって、焼き串をあてられて殺される。その後、幽霊になって男の家へやってきて、男をにらみ殺す。死ぬ前に蛙になってやってきたというのがめずらしいが、生霊が蛙の姿をとったのであろう。霊が小動物の姿をとってあらわれるというのでは鳥の場合が多い。犬や猫の場合もある。最終的には男を取り殺す怨霊である。

夫死して妻を取り殺すこと　日本

『江戸怪談集』より。ある士、病みついて死ぬとき、妻

に出家して菩提を弔ってくれと言い残すが、妻は、そんな気はつゆほどもなかった。そこで夫の亡霊があらわれて女を取り殺した。中国にも似た話がある。ある男が病気で死にかかって、女房に自分が死んだあとも後家を守って菩提を弔ってくれとたのむが、けんもほろろに断られる。いよいよ死ぬことになり亡霊の車に乗せられてゆくが、女房のことを思うと腹が立つ。そこで、亡霊の車の御者のすきをついて逃げだしてきて、妻を取り殺す。

罪なくして殺さるるもの怨霊となること　日本

同じく『江戸怪談集』より。清左衛門というものの祖父、故なくして下人を切り殺す。下人、大蛇となって出て、子供を取り殺す。清左衛門親子は恐れて別屋敷へ引っ越したが、亡霊はもとの屋敷の隣のいとこ弥左衛門の子を取り殺す。弥左衛門のところの姑をも取り殺すにおよび、和尚を呼んで弔いをあげてもらうと、それっきりで、怨霊はやんだ。この幽霊は屋敷にすみついた例である。別屋敷に引っ越したら出てこなくなり、もとの屋敷の隣の縁者に取り憑いたのである。

栄存と亡霊　日本

栄存は讒訴されて遠流となったが、仇敵を呪い殺すべく、連日連夜、呪法をおこなった。やがて死んだときは屍を逆さに埋めてもらい、呪いの成就するようはかった。その甲斐あって彼の亡霊が彼を讒訴した男にとりついて、この男を狂乱させ、一族郎党を斬り殺したのち自害させた。怨恨を晴らすために狂乱させる幽霊である。

（『日本の民話　別巻』）

お万の怨霊　日本（信濃）

信濃国下伊那の和知野の城主関盛永は敵の奇襲を受けて、一日にして滅び去った。盛永の正室お万と、嫡子長五郎は家臣某に導かれて城をのがれた。が、この家臣はやがて逆臣であることが明らかになる。一行が人気のない山中にさしかかると、やにわに刀を抜いて奥方とその子を斬り殺したのである。その後、この家臣はお万の怨霊にたたられて死に、一家断絶した。恨みをはらす幽霊である。

（『日本の伝説　中部』）

夫婦の縁　日本（越後）

越後の民話「死人と夫婦」では、出雲に神々が集まって人々の縁組を決めるが、そのとき、縁の下にもぐりこんで自分の縁が決まるかどうか聞いていた男に、神々がこれで最後にしようといって、どこそこの娘が死んだところだから、それと縁の下の男を夫婦にしてやろうということになった。[93] 男はそこで、その家を訪ねていったらちょうど葬式が出るところで、棺をのぞいたらいい女で、まあこれでもいいかといって背中をたたいたら、のどにつまっていた餅がとれて生き返った。男と生き返った女は夫婦になって安楽に暮らしたという。この女はよみがえったのだから幽霊ではない。のどにつまっていた異物が棺をかついでいた男がつまづいたせいで外れて生き返ったという「白雪姫」の話もある。

「夫婦の縁」では、木の祠で雨宿りしていた男が、木の神と辻の神の夫婦の縁定めの話を聞いて、自分が、いま生まれたばかりの女の子と夫婦になる定めと知って、何とかその定めを覆そうとその女の子の家へ行って、その女の子ののどを刀で突いて逃げてきて、それから十数年経って気に入った娘と縁組みをするが、娘ののどに刀傷があるので問いただすと、まさに彼が殺そうとした女の子だった。類話が多い。

（『越後の民話』日本の民話）

月の夜さらし　日本（佐渡）

女は男の顔を見るのが嫌になった。占い婆さんに聞くと、「月のよい晩機を織り、月のよい晩それを晒し、月のよい晩それを縫って亭主にきせればいい」という。そのとおりにすると男は煙のように姿を消してしまった。また占い婆さんに相談して、村のはずれの六道の辻に立っていると夫がやってきた。しかし夫は「月の夜さらし知らで着て、今は夜神の供をする」といって、ふわりふわりと闇の中へ消えてしまった。月の夜さらしの着物は月神の供をするための着物だった。男は月に魂を吸い取られて、幽霊になったのである。

（『佐渡の民話』日本の民話）

墓のなかからの手紙　日本（三河）

子育て幽霊のヴァリアント。若い嫁が臨月になって死んでしまった。墓参りにゆくと、寺の僧侶が山からおりてくるのとすれちがった。僧侶は巻紙の手紙を落としていった。それを拾ってみると、死んだ若妻からのもので、墓のなかで子供を産んだので、育ててほしいというもの。さっそく墓を掘って赤子を取りだした。

（『三河の民話』日本の民話）

地の底の女の幽霊　日本（福岡）

炭鉱で落盤事故で死んだ女たちの霊が出る。なかに婿養子となって結婚してくれという幽霊があり、約束の日にゆくと、女の命日である。しかし約束だからと婿養子になった。家督を継ぐための冥婚である。

（『福岡の民話』日本の民話）

舟幽霊　日本（沖縄）

太郎と次郎は船主の娘をとりあう仲だった。あるとき、魚を捕りすぎて次郎の舟が沈んだ。そこで太郎の舟のところまで泳いでいって乗せてもらおうとしたが、太郎は次郎を櫂でたたいて溺れさせた。やがてあるとき、太郎が魚を釣っていると沖から次郎を乗せた亡魂船がきた。次郎は柄杓を貸せといって柄杓を借りると太郎の舟に海水を汲み入れだし、ついに太郎も溺れて死んだ。舟幽霊は「柄杓を貸せ」

舟幽霊
（竹原春泉『絵本百物語』1841 年）

というもので、柄杓の底をぬいて貸すものだという。海辺の怪は泉鏡花の『海異記』にもある。[94]

（『沖縄の民話』日本の民話）

海神に生贄された男と女　朝鮮

とある島に漂着した船の船長にそのあたりの海域を取り仕切る海神があらわれて、無事に帰りたければ男ひとりと女ひとりを島に残すようにと告げた。船長は一時はその神命を無視して船を出したが、まもなく激しい暴風雨となって、島に戻されてしまった。そこでやむを得ず男女ふたりを島に残して出航した。そして一年経ったとき、その島にきて島に残した男女をさがしたところ、とある渓谷の岩の上に抱き合う二人の姿が見えた。しかしそれは亡霊だった。そこまでゆくとふたりの姿はかき消すように見えなくなっていた。

（『朝鮮の伝説』）

女の怨霊　朝鮮

ある峠で、托鉢僧と若い男がたがいに打ち明け話をした。若い男は彼をしたう女をしりぞけて死なせていた。托鉢僧は機を織っていた若い娘を手籠めにしようとして抵抗され、包丁で刺して殺した。そのふたりがそれぞれ話をしたあと、それぞれ相手を非難して、取っ組み合いのけんかになり、僧が谷底に落ちて死んだ。それを僧によって殺された女の怨霊が喜んで、そのお礼にもういっぽうの片思いの女の霊を殺してやったという。霊も殺せるのである。

（『朝鮮の民話』）

白骨の妻　中国

中国唐代の伝奇集『集異記』に載る話。山中にこもった男の前に美しい女があらわれる。半年経ったところで、その真の姿が白骨であることを知る。問い詰めると、山にすむ白骨の精だという。精たちの首領がうるさいので、男にも逃げるように言って姿を消す。男も胸を痛めながら山をおりた。ここは、愛した女が実は白骨になった死者だったというのとは少しちがって、白骨の姿の山の精だという。であれば幽霊ではないが、生きている人間でもない。妖怪のたぐいかもしれない。幽霊であれば「恋する幽霊」である。

死者報恩　中国ほか

これも昔話でよく語られるモチーフだが、冒険旅行の途中、野ざらしの骸骨にであって埋葬してやる。あるいは借金があって、埋葬できないでいる死人にであって、借金を肩代わりしてやることもある。そのあと道を続けていると、狐（または馬、狼などのその他の動物）があらわれて、冒険の手助けをしてくれる。死霊が狐になって恩返しにきたのだ。なおこのような死者報恩のモチーフがあることは、亡霊の出現の動機に報恩も加えなければならないことを示している。これはあの世への旅でよく出てくることで、旅の危難を亡霊が助けてくれる。また夢見長者のように庭の木の根方に金の壺があるなどという話も、夢でそれを告げるのは「よい」亡霊であろう。戦場などで、亡霊が守護霊のように守ってくれるという話もある。中国では父母に孝養をつくす幽霊もいる（澤田瑞穂）。お告げをする幽霊というのはよくいるが、そのお告げによって、危難をさけることができたという場合は、「よい」亡霊である。死霊が美しい女になってかよってくる場合も、死霊の目論見が、男を取り殺して地獄へつれてゆくことであれば「悪い」亡霊だが、愛ゆえにやってきていたなら「よい」亡霊である。狐になっていた唐代の『任氏伝《じんしでん》』の死霊あるいは狐も愛すべき亡霊だった。ひたすら男につくす亡霊だったが、旅に出て犬に食い殺される。

二、幻想文学の中の幽霊

アレクサンドル・プーシュキン『スペードの女王』

青年は一獲千金を夢見ている。老伯爵夫人の賭博で大勝をした伝説がとりつく。伯爵夫人は悪魔から必ず勝つ秘密をさずかっている。青年は伯爵夫人の屋敷にしのびこみ、伯爵夫人にピストルをつきつけて、その秘密の札を教えるように迫る。夫人は恐怖のあまりか死んでしまう。夫人の葬儀に参列した彼は、夫人の棺桶に近づいたとき、夫人の遺骸が目をひらいて彼に皮肉な表情でウインクしたのを見た。それから三日後、夫人の幽霊が彼の家にやってきた。幽霊は悪魔の切り札を教えて姿を消した。青年は賭博場へ向かう。そしてその切り札を賭けた。しかし、札をあけてみると、そこにあったのは、いわれていた切り札ではなく、スペードの女王だった。彼はそのカードの女王が皮肉なウインクをしたように思った。幽霊の復讐である。

スペードの女王
(アレクセイ・イリイチ・クラフチェンコ画　1937年頃)

ギ・ド・モーパッサン『幽霊』

『女の一生』などで知られるモーパッサンは怪奇小説も数多く書いたが[95]、『幽霊』はもっとも有名なもののひとつだろう。「私」はあるとき古い友人にばったり出会った。音信がとだえて数年になっていた。友人は彼にちょっとした用をたのまれてくれという。ルアンの近くに彼がもっている館へいって、彼の書斎の机の引き出しから手紙の束を取ってきてくれないかというのだ。以前そこに住んでいたのだが、妻が死んで以来、足を踏みいれていない。語り手はたいしたことだとは思わずにそれを引き受けた。そして言われたところへ行ってみると、それがいた。友人は妻が死んでから、そこには足を踏みいれていないと言っていた。そこにはだれもいないはずなのだ。しかし、語り手が机の引き出しから手紙の束を取りだすと、何かの気配がした。ふりむくと一人の女がいた。彼女は彼に、髪をすいてといって櫛をさしだした。彼はなぜともしらず櫛を取って言われたとおりに長い黒髪をくしけずった。しばらくすると女は礼を言い、櫛を取り戻し、ドアをあけて姿を消した。語り手はそうそうにパリへ戻った。翌日ルアンの友人宅へ行ってみると不在だった。その後なんど行っても不在で、警察に届けたが、その友人の足取りはつかめなかった。彼の古い館に幽霊がいたことの証拠として、語り手の着ていた上着のボタンには黒髪がからまっていた。西洋の女の亡霊は髪をくしけずるのである。[96] 髪の毛に命がこもっているという信念もあるのだろう。モーパッサンには『髪』という短編もある。古道具屋で机を買って、調べてみると引き出しのなかから髪の束が出てきた。それはあたかも生きているかのようにくねった。彼はその髪に夢中になり、どこへゆくにもそれを持っていって、人がいてもそれを取りだして、抱きしめるのだった。髪すき幽霊は中国では幽霊の出現様態の一つだという（澤田瑞穂）。

シャルル・ノディエ[97]『イネス・デ・ラス・シエラス』

旅先で、泊まるところのなかった士官たちが、幽霊が出るというギスモンド城に泊まる。そこへ、城の女主だったイネス・デ・ラス・シエラスがあらわれ、宴をともにする。彼女は短剣で刺された胸の傷をしめして、正真正銘のイネスの幽霊であるという。士官のうちの一人が彼女にくびったけになり、つぎの戦闘では、敵の銃弾をうけて、これでイネスのところへいけるといって死んだ。第二部では、マドリッドで評判の歌姫ペドリナを見にいった語り手が、ひとめ歌姫を見て、イネスだと叫ぶ。イネスが生まれ変わって出てきたのだと信じるのである。彼女のために死ぬ男がまた出るだろう。男を取り殺す幽霊なのかもしれない。ヨーロッパの古城にはよく幽霊が出る。人が住まなくなった城が、石造りのためにいつまでも崩れずに残って、幽霊の巣になるのだ。

テオフィル・ゴーチエ[98]『ポンペイ夜話』

ナポリの博物館でミイラの足を見た青年はその美しさに夢中になる[99]。ポンペイへ行ってみると町中にぎやかな人出で、みな古代風の衣装を着ている。そのなかのひとりの女が彼の目をひいた。その女の侍女が彼のところへきて、女が彼に会いたがっているという。侍女に導かれて女のところへゆく。それこそミイラの足の女だった。もちろん幽霊である。まもなくヴェスヴィオが噴火して彼らを溶岩流が呑み尽くすだろう。気がついてみると青年はポンペイの廃墟で眠り込んでいた。

テオフィル・ゴーチエ『死女の恋』

日本では幽霊と妖怪を厳密に区別し、幽霊は人につく、妖怪は土地につくなどという。しかしヨーロッパの吸血鬼は墓から抜け出してくる幽霊だが、人を害する点においては妖怪であり、また、吸血鬼に血を吸われたものは吸血鬼になるというように、血脈を構成し、吸血鬼の人口を増大させるのである。もっともよく知られた吸血鬼はドラキュラで、彼はトランスシルヴァニアの実在の貴族であったともいわれる。吸血鬼というと男のほうが多いように思えるが、カーミラやクラリモンドのような妖姫もいる。ここではクラリモンドについて、簡単に触れておこう。テオフィル・ゴーチエの創作になる吸血鬼である。

ロムアルドは司祭に叙任されるとき、教会につめかけていた会衆のなかに美姫クラリモンドの姿を見かけた。C村に赴任したロムアルドは、退屈な田舎司祭のつとめを黙々とつとめあげていた。そんなある夜、瀕死のものに臨終の秘跡をさずけてほしいという依頼をうけて、暗夜の道を案内された。しかし、ついてみると女はすでに息を引きとっていた。ロムアルドは司祭のつとめとして、死者の枕頭にひざまづいて、送別の祈りを捧げていた。しかし、どんな女だろうかという好奇心がきざしてきてどうしようもなくなったロムアルドは、死体の顔にかけられた布をそっとめくってみた。するとそれこそ、夢にまでみたクラリモンドだった。そして、彼女はにっこりとほほえむのだった。彼女は死んではいなかった。以来ロムアルドはクラリモンドの魅力にがんじがらめになってしまった。二人は夜ごと逢瀬をかさね、ロムアルドは、長い夢に溺れていった。夜になると彼は夢でクラリモンドとともにヴェネティアに遊び、昼になると寂しいC村に目を覚ますのだったが、ヴェネティアの夜がうつつなのか、C村の司祭の生活が夢なのかわからなくなってくる。そんなある日、彼は夜中に目を覚まして、クラリモンドが彼の上ににおおいかぶさるようにして顔を近づけているのを見た。彼は眠ったふりをして、クラリモンドがなにをするのかを見ていた。彼女はヘヤピンを抜いて、それで、ロムアルドの手首にそっと傷をつけ、赤い血をすするのだった。ロムアルドは、それを見ても迷妄の夢から醒めはしなかった。それが彼女にとって必要なことなら、一滴二滴の血くらいなんでもなかった。しかしそこへ神学校で彼を教えた老師がやってくる。そなたがうつつを抜かしている女は吸血鬼だというのである。老師は彼を墓地へつれてゆく。そこにはクラリモンドの墓があった。老師は墓を掘り起こして、クラリモンドの棺桶を暴きだした。女は生きているようにバラ色の肌をして眠っていた。老師はもってきた聖水をふりかけた。とたんに美しいクラリモンドのからだは一山の灰になった。その夜、ロムアルドの夢にクラリモンドがあらわれて、幸せだったのに、なんということをしてしまったのと、彼を非難するのである。

ジェラール・プレヴォ[100]『出会い』

久しく会わなかった女に再会した。北の森のなかの家へ招待すると、承知してやってきて、三日ほど泊っていった。夢のような逢瀬だった。帰り際に髪飾りを忘れていった。それがそこにある。しばらくして、その女の夫だった友人に会った。「その後、彼女は？」と聞くと、一年前に死にました、という。幽霊との美しくもかなしい逢瀬だった。男の思い出がよびだした幻だろう。が「一緒に」行ったレストランでは、その後もウエイトレスがたずねるのである。

「奥様は？」と。

ジェラール・プレヴォ『機械仕掛けの亡霊』

語り手の叔父の城には幽霊が出るといわれていた。そこにクリスマスの休暇をとりにきた語り手は、屋根裏部屋を調べて、幽霊の正体をみきわめる。それは電池で動く機械仕掛けの幽霊だった。幽霊は彼にもうすぐ電池がなくなるので、電池を入れ替えてほしいという。語り手は村の雑貨屋へいって電池を買ってくる。それを入れた途端に幽霊は立ち上がって、語り手を殴り殺す。ジュール・ヴェルヌの『カルパティアの城』にも幽霊が出るといわれていたが、その正体は幻燈だった。城壁に幻燈で、幽霊の姿を投影していたのだった。

トマ・オーエン[101]『亡霊への憐れみ』

青年ふたりと娘ふたりがドライブをしている。僧院の廃墟へはいりこみ、床石をはがして、地下の墓室へ降りてゆく。そこに並んでいた棺のひとつを開けてみると、黒い水につかった遺骸があった。そこから地上へ戻ってほこりをはたいているときに指輪をなくしたことに気がついたが、指輪はみつからなかった。そのまま、車に戻ってその先のホテルに泊まった。すると夜中にドアをたたく音がして、開けてみるとひとりの優雅な女が立っていた。語り手は女を抱きよせ、ベッドにいざなった。翌朝、目を覚ますと、女の姿はなく[102]、前日、修道院の廃墟でなくした指輪が指にはまっていた。指輪がいざなった亡霊との一夜であろう。

トマ・オーエン『父と娘』

娘の不行跡の知らせをきいて、叱ってやろうとして娘のいる町まで汽車に乗る。途中、うとうとしていると列車のコンパートメントになにかがはいってきた。目を開けてみると雌犬で、彼のほうにすり寄ってきたが、犬は嫌いなので、外へ出そうとするが犬は抵抗する。もみあっているうちに、後足をつかんで窓からそとへ放り出した。そして娘の住む町へついて、娘の家へ行ってみると人だかりがしていて、娘が倒れている。建物の上の窓から突き落とされたという。娘の生霊が犬になってやってきていたのだ。それを列車から放り出したときに、娘も建物の窓から放り出されていた。娘の霊が犬になって列車に乗りこんできた。生霊、あるいは憑依の霊で、幽霊ではないかもしれないが、娘が死んだのが先だったら、死霊が犬になってお別れにやってきていたことになる。フランス語では尻軽女のことを雌犬という。

トマ・オーエン『亡き夫のために』

私は二、三日家をあけて戻ってきた。妻はびっくりして唖然とした顔をしていた。奥の部屋から死臭がした。といつめると、彼女は「私」をピストルで殺したことを白状した。私は亡霊だったのだろうか。なにごともなかったようにするために、私と妻は死体を切り刻んで下水に流したり、庭に埋めたりした。そのあとで、しかし、私の書いた文章が雑誌に載った。それにもとづいて、警察の取り調べがあって、妻は夫殺しを告白した。私は消え去った。殺された恨みを晴らす怨霊のひとつだろう。

ジャン・レイ[103]『マルペルチュイ』

ギリシャの島を訪ねて、古代の神々の亡霊を捕獲してきた男がマルペルチュイの館にその亡霊たちを住まわせる。そこには、その男ドゥスダームの係累の若者も住んでいたが、亡霊たちが出てきて、つぎつぎに生者を取り殺し、若者も瓶にはいったゴルゴンの目にいすくめられて死ぬ。マルペルチュイは、『狐物語』のルナール狐の巣窟の名前である。

ミルチャ・エリアーデ『令嬢クリスティナ』

神話学者のエリアーデは小説家としても知られ、亡霊譚を数多く書いた。

地方の領主館に考古学者と画家が招かれる。閉ざされたサロンに有名な画家が描いたかつての令嬢クリスティナの肖像がある。原因不明の病に倒れたサンダと霊媒のような幼いシミナの姉妹。窓をあけると蚊の大群が押し寄せる。それとともにクリスティナの亡霊がぼおっと見える。クリスティナは蚊に憑依して人の血を吸って生きているのだろうか。クリスティナの亡霊は画家の部屋を訪れ、裸になって床にはいる。そのとき外ではシミナが夢遊状態、あるいは憑依状態で呆然としている。教授はシミナがうずくまっていたところに、亡霊の心臓をさがして、鉄の棒を打ちこむ。画家は幻を追い払おうとしてランプを倒す。火がまわって城館は炎に包まれる。画家は気がつくとひとりだ。サンダもシミナも死んだ。クリスティナの亡霊も消えた。かつての令嬢の亡霊が蚊の大群に取り憑いて現れる城館での幾晩かの幻覚であろう。

夏目漱石「第三夜」（『夢十夜』より）

子供を背負っている。だんだん重くなる。杉の根方にくる。「お前がおれを殺したのは今からちょうど一〇〇年前だ」と子供がいう。一〇〇年前の幽霊である。背負った子供が石地蔵になって重たくなる話は民間伝承で数多く語られる。何年も前に殺した相手が亡霊になって出てくるときも、「こんな晩」に「こんな顔で」という。漱石には幽霊を目撃する『倫敦塔』などもある。

内田百閒「道連」（『冥途』より）

「私は暗い峠をこしてきた」。どこからかだれかがついてきた。ときどき「私」の名前をよぶが、返事をしないとそれ以上なにもいわない。道は土手のようなところに出た。土手は百閒の幻想の土壌なのだ。どこかで水の音がする。これは「冥途」でも土手を歩いていると父親の亡霊が出る。これも百閒の亡霊の出る舞台装置だ。そのうち道連れがいいだす。「己はお前さんの兄だ」「ひとこと兄さんといってくれ」。「私」は一人っ子で、兄弟などいるはずがない。が闇に葬られた「兄」が「俺はお前の兄だ」といって出てくる話があるのはすでに紹介した。そんなたぐいの幽霊かもしれない。が、また一人っ子特有の分身偏執かもしれない。道連れはなおもくどく。それを聞いているうちに心が落ち着かなくなり、思わず「兄さん」といって、道連れにとりすがろうとした。するといままでいた道連れが急にいなくなってしまった。『冥途』は『夢十夜』に触発されて書いた作者の処女短編集。このあと幻想の領域では『旅順入城式』のほか、晩年の『東海道刈谷駅』などがある。

生島治郎『暗い海暗い声』

船に乗って暗い海を見ている男が、この船に幽霊が出るそうですねと言いだす。こんな海を見ていると、なにもかも嫌になって、引きずり込まれるように海へ飛び込んでしまう。「そうなのです」「それであの晩私は飛び込んだのです」と答えたのは「私」だった。

泉鏡花『眉かくしの霊』

柳橋の芸者が男を追って奈良井温泉へやってきて、あやまって猟師の鉄砲で撃たれる。池の女神があらわれるという桔梗が池のほとりである。それ以来幽霊になって出てくる。そのとき提灯をもって供をしていた宿の番頭も一緒に出てくる。こちらは生霊で、番頭本人が自分の姿を見るのである。女のほうはいつまでも男を追いかけている。桔梗が池の女神として祀ればいいのかもしれない。

坂口安吾『桜の森の満開の下』

これも鬼の話のようであるが、鬼と思った女は消え去って、桜の花びらが散るばかりである。男は鈴鹿の山の山賊である。あるとき都の上臈をとらえて、亭主を斬り殺し、女を妻にした。ところがこれが大変にわがままな女で、男を散々こき使った挙句に、都へゆき、人を殺してその首を並べて遊んだりしていたが、それも飽きて山に戻ってくる。山は桜の満開だった。女をさらったときも桜の満開のときだった。女は桜の精のようにも思える。が気がつくと女は鬼になっている。男は夢中で鬼を絞殺した。しかし、女はやはり桜の精だったのだ。絞殺した鬼の死体はかき消すように消えて、そこには桜の花びらが舞うだけだった。桜の精が幽霊になって男に取り憑いていたのだ。そして最後は桜の精が男を取り殺していた。そこには鬼の姿もなかったが、男の姿もなかった。

小泉八雲「死霊」（『骨董』より）

ある代官が死んで、下役たちが共謀して代官の遺族から財産をかすめとろうとした。代官が公金を使いこんでいたかのように偽ったのである。公儀の取り調べがおこなわれたとき、女中のひとりに死霊がとりついて、代官の声で、不正などおこなっていないことは帳簿をあらためれば明らかだと申し立てて、取り調べの結果はそのとおりになった。女中はその後二日あまり意識がなかったが、そのあとはけろりとして、その間のことも記憶になかった。幽霊が自分で大福帳を持ってやってきて、身の潔白を証明する場合もある。冤罪をそそぐ幽霊である。

小泉八雲「食人鬼」（『怪談』より）

ありそうな状況で幽霊が出てくる話ではない。いかにもありそうにない話である。あるとき回国の僧が山中でとある庵室に宿を請うた。庵室の主はそれを断って、山向こうの村を教えた。そこへいってみると一軒の家に村びとたちが集まっている。そして夜中に、実は死人が出たので、今晩は村中の人間が村をあけなければならないといって、全員がそろって出てゆく。僧はひとり残された。するとほどなく、ぼんやりした大きな「すがた」がはいってきて、死体を持ち上げると、猫がネズミを食べるようにその死体をむさぼり食うのであった。翌日、確かめるために前夜、宿を断られた庵室に戻ってみると、そこの主がじつは自分は、昨夜姿を見られた食人鬼であるといって、一部始終を物語った。僧は貪食の罪で地獄に落ちた亡霊で、昨夜の「すがた」は、この僧の餓鬼の姿であった。西洋の吸血鬼は夜中に墓を掘り起こして、死体をむさぼり食う。死体を食う亡霊は、魔女裁判でも出てくるが、日本の山姥のように生きている馬や馬方を食うというのではなく、死体でなければならない理由が明らかではない。ただ地獄の餓鬼は死体を食う。それはもっとも悲惨な責め苦として想像されたものかもしれない。

上田秋成「吉備津の釜」（『雨月物語』より）

吉備津の神官の娘磯良とのらくらものの正太郎の夫婦は、縁組の前の吉備津の釜占いでも凶と出たが、その占いどおりに破綻に向けてすすんでゆく。正太郎は女をこしらえ、別に家を構え、磯良を捨ててかえりみない。磯良は怨霊となって女を取り殺し、ついでは正太郎をも取り殺そうとする。正太郎は陰陽師にすがって、呪符をもらい、家の戸口にはりつけ、四二日の物忌みをする。しかし最後の日に早々と朝になったものと思って戸をあけて、亡霊に取り殺される。ここでは、磯良が亡霊となっているとは明示されないが、鬼という表現もあって、彼女が死んでいるのは明らかである。物忌みの最後の日の錯覚も怨霊の演出によるものかもしれない。なにしろ吉備津の神官の娘である。なまじな陰陽師のまじないなどはねのける神威があったとも思われるのである。

上田秋成「菊花の約《ちぎり》」（『雨月物語』より）

秋成の『雨月物語』では「菊花の約」も亡霊譚である。友人同士、菊花の宴にはかならず会おうと約束していたが、ひとりはその日は差支えがあって約束を守ることがむずかしくなった。そこで、自害して霊となって約束の日に友人を訪れた。同じような話がフランスのエリナン・ド・フロアモンの『年代記』にある。「友人の間の約束」で、先に死んだほうが、あの世の消息を告げにくるという約束をし

吉備津の釜
（『雨月物語』挿絵　1768 年）

た。そのうちのひとりがローマへ行くと強い風の川で溺れた。そこで友人のところに亡霊となってやってきて、地獄の責め苦が苦しいので助けてほしいとうったえた。いずれも約束をはたす幽霊である。

上田秋成「浅茅が宿」（『雨月物語』より）

死者との結婚、あるいは死者と一夜をともにすることは、「浅茅が宿」でも、あるいはポトツキの『サラゴサ手稿』でもいくらでもある趣向である。[104] 亡霊が五体をそなえた形であらわれるか、骸骨になってあらわれるかは、死んでから時が経っているかどうかにもよるかもしれない。が一般に亡霊は生きていた時の姿であらわれる。幽霊には足がないというのは日本の特性で、外国の亡霊は足も手もそろっている。異類と結婚して正体を見たら狐狸だの蛇やネズミだのだったという話と、死者だったというのは、あいだに鬼だったという話をいれれば、一連のものであることがわかる。[105] 鬼ではなく吸血鬼であっても同じである。死者との結婚は死に引きずりこまれることが多い。ただし中国など

浅茅が宿
（『雨月物語』挿絵　1768 年）

牡丹灯籠
（月岡芳年『新形三十六怪撰』1890 年）

での慣習で「冥婚」というものは別である。これは死者と結婚式をあげて、家族同士の結びつきを確認したりするものである。なおフランスにも死後婚姻の制度があるという。また出羽でも「魂の花嫁」と題した話がある（『日本の民話』）。婚礼を前にして死んでしまった娘が嫁入り先へ亡魂となって飛んでいって嫁になっていた話である。この幽霊は嫁になって夫や姑につくすだけで、とくに害をなすことはない。慣習にしたがってあらわれる幽霊である。

お岩
（歌川国芳画　1851 年）

「怪談　牡丹灯籠」

中国種だが、日本を代表する怪談である。いろいろなヴァージョンがあるが、『伽婢子《おとぎぼうこ》』による。妻を亡くした男は、あるとき牡丹灯籠を持って街をゆく絶世の美女に会って恋心を抱く。女はしげしげと男のところへ通ってくる。それを隣家のものがのぞいてみると、男と対座しているのは白骨の死人である。その隣人の忠告で家の戸口にお札をはって、幽霊よけにするが、あるとき女の墓所にいって、墓に引き入れられて死んでしまう。これは中国の原話に忠実なヴァージョンである。冥府に引きこむ幽霊である。

「東海道四谷怪談」

お岩は夫伊右衛門に虐待され、毒を盛られ、顔が崩れる。夫はお岩を殺し、のち添えをもらうが、お岩の亡霊はそののち添えやその係累にたたる。夫はお岩がのりうつったのち添えをお岩そのものと思って斬り殺す。最後はお岩にたたられて死ぬ。

「累《かさね》が淵」

ある男が後妻をもらうが、連れ子の杉が醜いので憎んで川へ突き落として殺してしまう。そのあとできた女の子を累と名付けるが、これが殺された杉とそっくりの醜い子である。三遊亭圓朝の「真景累が淵」では、なじみの女の顔にできものができて、顔半分腫れあがってくる。その女を殺して逃げるが、一緒に逃げた女も同じように顔にできものができて、顔が腫れあがる。この女も殺してのがれるが、つぎに関係をもった女も同じ顔になるという因縁ばなし。

「番町皿屋敷異聞」

皿屋敷の異伝として今野円輔『日本怪談集』にある。牛込に住む射服部氏の妻は嫉妬深く、妾が南京の皿を割ったのを口実に妾を絞殺した。ところが女は墓へ送られる途中で息を吹き返し、棺をかついでいた人足たちに金をやって助けてもらおうとした。しかし人足たちは金を奪って、女

累
（竹原春泉『絵本百物語』1841 年）

皿屋敷お菊の霊
（月岡芳年『新形三十六怪撰』1890 年）

を再度縊り殺して、墓地へ埋めた。その後、この人足たちは変死をとげ、正妻も悶絶して死んだ。

『今昔物語集』巻二七の幽霊

巻二七の各話は、河原院の怪異譚のように鬼と明示される場合と、同じ河原院の怪でも、源の融の亡霊のように、たんに幽霊話に終わる場合とがあるが、いずれにもせよ、異界に接する場所にあらわれた霊の話で、それを鬼とみるか霊とみるかは解釈次第である。霊には死霊と生き霊とあり、近江の国の生き霊のように、人を取り殺すものもあれば、ただ人を驚かすだけのものもある。いずれも解釈の問題で、登場人物の解釈もあれば、読者の解釈もある。山科のほうの荒屋で子を産んだ話では、その家の老婆が、子供を見て、「あな旨げ、ただ一口」といったのを聞いて、鬼だと思ったという解釈と、「食べてしまいたいくらいかわいらしい」といったのだという解釈がありえ、子供も女もみな無事だったので、はたしてそれが鬼だったのかどうか定かではない。これは『源氏物語』の「夕顔」でも同じで、近くの六条御息所がたたったのだという読者の解釈と、どこにもそんなことは書いてないという説とがありうるようなものである。ただ、山科のほうにしろ、河原院にしろ、安義の橋にしろ、異界に接した境界の場で、霊が出る場所だったのだろう。そしてもうひとつは一軒家に住む老婆で、安達ケ原の鬼女のように共同体からはみだした女の怨念のこりかたまりのようなものとも思われるだろう。[106]

人の妻、死にてのち、もとの夫に会う語

『今昔物語集』巻二七、第二四話。遠国に赴任する国主に随行して京を離れるとき、屋敷に妻を残していった男が、何年か経って京に戻ってもとの家に行ってみると、荒れ果てた屋敷のなかに、もとの妻がひとり座っていた。夜通し物語をし、あいいだいて共寝をして、翌日、朝の光で見ると女は骨と皮だけの死人だった。上田秋成の「浅茅が宿」と同じ話である。女は亡霊となって、亭主の帰ってくるのを待っていたのである。それ以外、なんの悪事もしない切ない亡霊である。「待つ女」の系統の「待つ幽霊」である。つぎの第二五話は、男のほうが死んで亡霊になって女に会いにきた話である。

鬼の話

幽霊は地獄にも天国にもいけずにさまよっている亡霊である。それにたいして、地獄から出てくる霊は鬼である。ただし『今昔物語集』巻二七に収められた怪異譚では、霊の話と鬼の話を並列している趣もある。話によっては幽霊話で終わるところを鬼に取り殺される話に発展しているものもある。近江の国の安義橋の話もはじめは幽霊譚である。橋に幽霊が出るといって人びとが恐れている。それを聞いて、腕におぼえのあるものが、自分がいってみようという。ゆくと、たしかに橋のなかほどに女がひとり立っている。これが話の霊だろうと思って通り過ぎた。そこまでなら、幽霊が出るというところへいってきた肝試しの話である。もっともそこまででも霊とはいわず鬼といっているのである。そして家に帰ってから陰陽師にきくと、厳重に物忌みをしなければならないという。凶相が見えたのだろう。そこへこの何某の弟が訪ねてきて、どうしても会ってくれというので、家へあげて話をしているうちに兄弟でとっくみあいをはじめて、弟が兄の首を噛み切って去ってゆく。この前段と後段は同じ鬼の話なのかどうか、あいまいなところがある。兄の首を食い切った弟が振り返った顔を見たら、安義橋で出会ったという鬼の顔だったというのだが、これは実物を見ていない兄の妻の証言で、夫から話に聞いていた鬼の顔の描写から想像していたものである。どのような

顔だったかといえば、橋の上で会った鬼は朱色の顔で、円座のように大きく、目が一つ、髪はよもぎのように乱れていたと夫はいっていた。その話の顔と、いま夫を食い殺した鬼の顔が同じだという証言は、どこまで信じられるかどうかわからない。この鬼の顔についての情報が夫を食い殺した鬼の顔の印象と客観的にも合致しなければ、この話の前段と後段はつながらないのだが、弟と称してやってきて夫を食い殺した鬼ははたして本当に安義橋に出た鬼だったのかどうかとなると、確証はないといわざるをえない。近親者をよそおってやってきて害をなそうというのは、頼光に片腕を斬られた鬼婆の話でも出てくるモチーフで、人に害をなす霊のトリックなのである。もうひとつは、この霊がはじめ橋にあらわれていたことで、橋はこの世とあの世の境界で、鬼や霊のよく出るところなのである。その境界に住む霊をそこまでいって自分の棲家までつれてきてしまったために、首を食い切られる目に遭ったのである。橋の上にいたのは霊であり、首を食い切ったのは鬼である。

借屍還魂《しゃくしかんこん》

澤田瑞穂によれば中国で多い話という。死者が蘇生して、あたりをみまわし、ここはどこだという。同じ時に死んだものの身体を借りて復活したのである。日本では肉体を貸したほうと、借りたほうが互いに行き交いして家同志つきあってゆく例があるが、中国では、生者の帰属をめぐって訴訟になったりするという。元の身体に入らなかった理由としては火葬があるが、一方の死者の寿命が尽きていたからという場合もある。子供のない女が死んだあと、別の女の身体にはいって蘇生し、子供を産んでから瞑目したという話もある。妹が先に死んだ姉の身体にはいって蘇生した場合もある。この場合、家との関係は簡単なようだが、他家に嫁していた場合はやはり問題は紛糾する。さらに奇怪な話では、性をことにして蘇生した例がある。男が死んで生き返るのに女の死体しかなかったので、女として蘇生し、その女の夫にも妻として仕えたが、悶々として悩み、三年後には死んだという。亡霊との冥婚にあたるものもある。美女のあとをつけていってみたら亡霊だったが、三年ほどその関係をつづけたあと、亡霊が若い女の死体をみつけて、その体を借りて蘇生した。亡霊との冥婚が蘇生者との通常の結婚にすりかわったのである。

蘇生ではないが、冥府の霊が地上に生まれ変わるための身体を求めるのを求代という。ある男にわか雨にあって、とある家に宿を借りる。そこへ女がやってきて、首をくくる。それを助けてやって、生き返った女と夫婦になった。

竹田晃『中国の幽霊』に冥婚の話がある。狩りをしていて道に迷った男がとある立派な屋敷の門をたたくと、待っていたかのように歓迎される。男の父親からの手紙で、その屋敷の娘と男を縁組させたいという。男の父親というのははるか昔に死んでいるのだが、男はその話を聞いて、うたがいもせず、婚礼を承知する。娘も死者だった。三日そこにいて、帰ってきたが、それから四年後にその娘が三歳になる子供をつれて男のところへやってくる。四年前の三日の滞在中に女が懐妊したのである。竹田氏によれば、「牡丹灯籠」の原話も冥婚の話である。冥婚といっても、死者の側に生者を害する意思のない場合と、害意のある場合とがあるようである。

幽霊図（円山応挙画）

三、怨霊名士録

菅原道真の怨霊

日本の怨霊伝承でもっとも著名なのは菅原道真の話だろう。ただし、道真自身が亡霊になってあらわれるのではなく、落雷のたびにそれを道真の怨霊と解釈して恐れたのである。落雷は道真がそれを支配していなくとも恐ろしいにちがいない。落雷の恐怖と道真の怨霊の恐怖とが習合したのである。なお、道真を追い落とした時平は落雷ではなく病死している。源《みなもとの》光《ひかる》も狩りの最中の事故死で、雷とは関係がない。落雷の被害は清涼殿に雷が落ちて炎上したことだろう。なお道真を祀る天満宮の神使は牛で、雷とは無関係である。

楠木正成の怨霊

『太平記』にあるが、湊川の戦いで敗れた楠木正成が敵

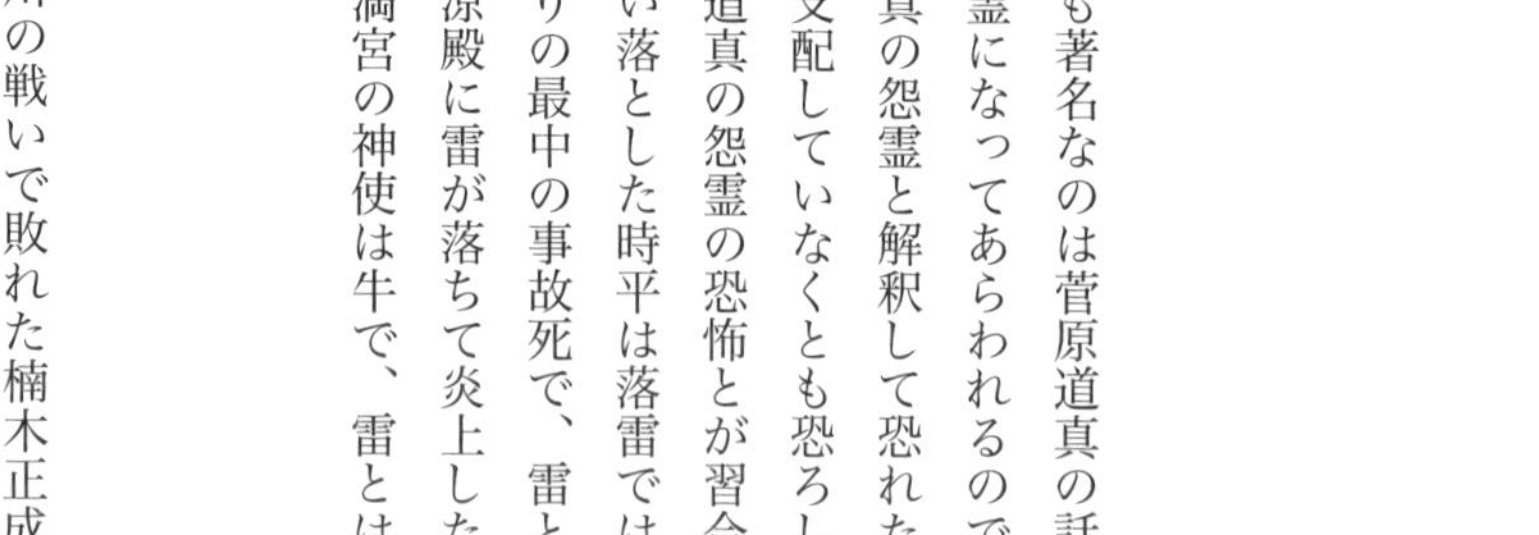

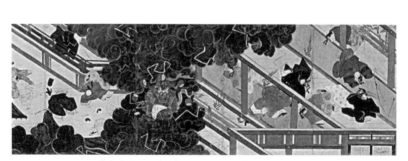

宮中清涼殿に雷を落とす雷神と逃げまどう公家たち
(『北野天神縁起絵巻』承久本　北野天満宮)

将大森彦七に亡霊となってのぞみ、彦七が奪った剣を返せと七日七晩にわたって罵ったが、彦七、恐れずに立ち向かい、幻の軍勢を退散させた。もっともそれが連日連夜つづくうちに大森彦七の精神に狂いを生じ、一時は狂人として押しこめられるまでになる。最後は大般若経を読経して、怨霊退散に到った。この亡霊は彦七にしか見えなかったが、死人の頭蓋骨が刀をくわえてあらわれたのは、下人どもにも見えたようだし、正成と彦七の問答はわきにも聞こえていたようである。なお、彦七をめぐる怪異現象では、はじめは女の幽霊、ないし妖怪が彼におぶさってきて、気がつくと鬼になっていた。この鬼と正成の関係は定かではない。

美女に扮した正成の怨霊を背負う彦七
（月岡芳年『新形三十六怪撰』1890 年）

六条御息所の生霊と死霊

『源氏物語』の六条御息所は生霊として葵の上に取り憑いたのち、死後、紫の上や女三宮に亡霊となって取り憑いた。夕顔の死についても御息所の生き霊のせいとも疑われ

夕顔の霊
（月岡芳年『月百姿』1886 年）

るが、テクストでは明示されていない。また、葵の上などの場合も病人に取り憑いて、うわごとを口走らせるが、幽霊として目視されはしない。御息所自身が自覚したのは、怨霊退散のためにいぶした辛子のにおいが着衣についていたからである。なお、御息所が取り憑いたのは源氏が関係した女たちだが、花散里などには取り憑かなかった。阿部正路氏は、幽霊は弱いものに取り憑くといっているが、御息所の場合は、世をときめく女性に取り憑いている。弱いもの、位の低いものは相手にしていない。

生霊
（上村松園画　1918 年
東京国立博物館）

流刑地の讃岐で崩御し、怨霊となった崇徳院
（歌川芳艶画　1865 年）

崇徳院の亡霊

上田秋成『雨月物語』の「白峰」に崇徳院の亡霊が登場。讃岐へ流され、帰京を許されないまま崩御した崇徳院は、日本一の大天狗となって日本を壊乱させ、恨みを晴らしたいと述べる。彼の後ろには数万の亡霊の軍勢が従っている。ヨーロッパの「死者の軍勢」の日本版である。[107]

蔦葛となりまとわりつく藤原定家の霊

能の世界では、霊が登場するものを夢幻能、または幽霊能という。室町時代の『定家』に例をとると、諸国遍歴の僧が京都にきてしぐれにあい、雨宿りをしていると、式子《しょくし》内親王の霊があらわれ、生前密かに契りを結んでいた藤原定家の霊につきまとわれて苦しいとうったえる。僧が経をとなえると幽霊はこれで解放されたと礼をいって去る。しかし、内親王の墓には依然として定家の執心が変化した定家葛がまとわりついている。

ここでは定家の霊が内親王に取り憑いている。内親王のほうは供養を求める霊である。

樹木に絡みつくテイカカズラ。和名は定家の伝説からつけられた。

ロンドン塔の幽霊

イギリス王室の政敵はほとんどロンドン塔に幽閉され、ここで処刑されている。そのほとんどが幽霊になってさま

ロンドン塔

よっている。漱石が見たジェーン・グレイの幽霊は二月十二日にあらわれるという(夏目漱石『倫敦塔』)。アン・ブーリンの霊は首を斬られた状態でさまよう。エドワード五世とリチャードの幼い兄弟は抱き合って泣いている。ほかにヘンリー六世、アルベラ・スチュアート、レディー・ソールズベリーの霊などが名高い。

アン・ブーリンの亡霊はノーフォークのブリックリング・ホールにも出る。ここでは彼女は「灰色の貴婦人」とよばれている。ここに出るのは毎年五月十九日と決まっている。処刑された日だ。その日、首のない御者の引く馬車に乗っ

レディ・ジェーン・グレイの処刑
(ポール・ドラローシュ画　1833 年
ロンドン・ナショナル・ギャラリー)

ジェーン・グレイはイングランド史上初の女王として即位したが、在位わずか 9 日間でメアリー 1 世により廃位され、その 7 か月後に大逆罪で 16 歳の若さで斬首刑に処された。

ロンドン塔のアン・ブーリン
(エドワード・シボット画　1835 年　フランス、ロラン美術館)

アン・ブーリンはイングランド王ヘンリー 8 世の 2 番めの王妃。後のエリザベス 1 世の母となるが、男児誕生を望む王の心は次第に離れ、不義密通を理由にロンドン塔で斬首された。

た彼女の幽霊が、自分の首をひざに抱いて丘をのぼってくる。

プチ・トリアノンの幽霊

ヴェルサイユの庭園のはずれにあるプチ・トリアノンにマリー・アントワネットの幽霊が出るという噂があり、ふたりの女性教師がそれを二十世紀のはじめに目撃した証言も出版されている。プチ・トリアノンの前の芝生で、十八

プチ・トリアノンのアントワネットと子供たち
（アドルフ・ウルリッヒ・ヴェルトミューラー画
1785 年　スウェーデン国立美術館）

夜のプチ・トリアノン
（クロード＝ルイ・シャトレ画　1781 年　ヴェルサイユ宮殿）

世紀風の服装をした女性が絵を描いていた。近くの音楽堂では音楽が聞こえた。しかしその音楽堂は当時は取り壊されていたというのだ。パリ南方のフォンテーヌブローの森には革命前の狩猟頭の亡霊が出るという。彼は王の狩りの際に獲物の駆り出しかなにかの折に失策を演じ、王の叱責をうけ、以来、亡霊になって鹿を追い立てるのだという。

マリー・アントワネットの亡霊はパリのかつての牢獄コンシエルジュリーにも出るという。が、ロワールの城などにはたいてい「亡霊の間」があり、かつてそこで殺された何某の霊が出るという。ギイ・ブルトンほかの『西洋歴史奇談』ではバーデンバーデンに出る「白衣の貴婦人」について語られている。

幽霊はもちろん田舎にも出る。ブルターニュの海辺の町でも、祭りの争いで人殺しがあり、若者が絞首刑になってつるされていた。その若者の友人が彼を結婚式に招いた。幽霊は彼にしか見えなかったが、婚礼の式と宴会の間中、彼と花嫁のあいだに座をしめていた。そして最後に明日返礼に自分のところへ招待しようといった。翌日、深夜に彼

処刑台へ引き立てられるマリー・アントワネット
（ウィリアム・ハミルトン画　1794 年　フランス革命博物館）

は絞首台へでかけていった。途中、捨てられた赤んぼが泣いていたのを拾って、着ていたものでくるんでやった。その赤んぼが地獄の招宴の間中、彼を守ってくれた。この幽霊は姿の見えない幽霊だった（『世界の伝説3 山・森』）。

『ハムレット』の亡霊

ハムレットは、父の亡霊が夜な夜なエルシノアの城壁上にあらわれるという話をホレイショーから聞いて、自分で確かめようとする。ハムレットは故王の亡霊に会う。亡霊は、夜の一時に甲冑姿であらわれ、自分が死んだのは弟のクローディアスに毒を盛られたせいであるとハムレットに告げる。ハムレットは復讐を誓う。シェイクスピアでは『マクベス』も姿の見えない亡霊を描いている。王殺しの血がいくら洗っても消えないというのは、「血まみれの手」の亡霊である。なおカエサルが暗殺されたときも墓という墓が開いて、亡霊たちがローマ市内を走り回ったという（『ハムレット』）。

エルシノア城にあらわれた父王の亡霊
（『ハムレット』挿絵　ロバート・ダドリー画　1858 年）

おわりに

日本神話には死後世界は黄泉の国と根の国と常世があって、それぞれ肉体の浄化、精神の浄化、存在の浄化に相当し、日本の民俗の世界では、異界と他界と常世があり、そのいずれからもこの世にもどってくる訪れ人がいて、幽霊であり、死霊であり、まれびとである。[108] 異界はまだ死に切れていない亡者の世界で、他界はあの世で、常世は神の世である。これはフランスなどでも同じで、墓のなかと墓のかなたと、あの世と別世界とを区別し、常世にあたるところは天国で、それぞれの世界からの訪れ人も「戻ってくる人《ルヴノン》」「亡霊《ファントーム》」「まぼろし《アパリッション》」「幽霊《スペクトル》」そして「妖精《フェ》」などといっていた。[109] それらのうちここでは、異界と亡霊について世界の語りを中心に調べたが、臨死体験などもはいってきて、そのなかにはプレイアデスまで飛んでいった人の話などもあって、SF的想像なのか、病的幻覚なのか線引きが難しいところだった。いや、山中の美しい城は、病的幻覚というよりは、現世にうらぎられたもののあこがれの夢であったろう。異界の住人も西洋では幽霊であるより妖精であった。しかしその妖精も教会の司祭にいわせれば、異端の想像であり、醜い死体がまとった幻影であった。「もうひとつの世界」夢の地底では、ネルヴァルが語るように、明けの明星のように美しい女神が輝いていた。しかしそこへつくまでの狭い井戸をどこまでも墜落してゆく窒息感は、星煌めく夜空の下の広々とした野原の解放感を得るまでの苦しい試練だった。異界への旅はつらく苦しいものだった。幽霊との逢瀬も恐ろしいものだった。しかしこの世で恵まれないものには、それが唯一のなぐさめだったのかもしれない。

　神は不死であるということも、人は死んだらそれっきりで、二度と戻ってくることはないということもある意味ではパラドックスである。神話では神の死が語られる。幻想譚は亡霊の出現を語る。永遠の生という幻想もある。転生や輪廻という教説もある。ゴーティエの『アヴァタール』は某夫人を手に入れるためにその夫と肉体を交換した男の悲喜劇を描いている。最後にその肉体交換の試みに失敗してもとに戻ることにしたときに、男の魂がもとの肉体に入らずに空高く逃げ去ってしまうところがあるが、この「逃げた魂」にはどんな運命が待っているのだろう。ある意味では死も異界もパラドックスなのである。魂の世界が「実在」しているとすれば、幽霊も実在している。臨死体験も現実なのである。

本書ではベックリンの《死の島》から、パティニールの《カロンの渡し》、ブレークの《天使の階段》、モローの《ソドムの天使》、ドレの《天界》まで、異界の消息を伝えるかと思われる絵を添えたが、いわゆる「図説」ではない。それらの絵は異界の旅の雰囲気を伝えるか、あるいはその「旅人」たる作家の容貌を伝えるもので、かならずしも文章の絵解きではない。これらの図版については、前著同様、八坂書房の三宅郁子さんにお世話になった。作家の作品ではゴーティエやプレヴォ、エリアーデらのほかに鏡花や小泉八雲の幻想を秋成の幽霊と並べて出した。これらは異界からの訪れ人の物語である。「異界への旅」の章では逆にこの世からの異郷訪問譚を紹介した。異界との双方向の交渉の証言を絵画と並んで文学に求めたのである。それらの作品の時代はおおむね近代だが、冥界と区別された異界が認識されるのは近代の精神においてなのである。これは幻想文学についてもいえることである。近代が合理的なもののかなたに「不気味なもの」を幻視するのである。

本書は、前著『世界風土神話』に続くもので、前著では主として地上世界を取り上げたのに対し、本書では、この世の先に焦点を据えている。異界としては、オリュンポス、アスガルド、高天原など、神々の領域もあるが、それらと「聖域」とは別の機会に取り上げたい。

二〇二一年十一月

篠田知和基

註記

01　日本の高天原でも、その内部での「神話」はほとんど語られない。おおかたが地上で展開するのである。唯一の例外はスサノオが高天原にのぼってきて騒いだ時の話くらいである。ギリシャでも神々のあいだの相克はゼウスとヘーラーの間のいざこざくらいで、神話らしい神話はオリュンポスでは語られない。神々が地上の人間たちと接触するところに神話は語られるのである。

02　ソルボンヌの名誉教授クロード・ルクトゥに『死とあの世と異界』という本がある。ルクトゥも、フランス語の言い方に準じて、あの世つまり他界と異界を分けているのである。

03　ただし、死んでもどこへゆくか定まっていないものがふわふわと中間的なところに浮遊していて、それを「幽霊」という場合もある。

04　ゼウスがティタンたちと戦ったとき（ティタノマキア）、ゼウスが勝つにはタルタロスの住人たちの助力が必要だった。ヘカトンケイルなどという怪物たちをゼウスはタルタロスから拾い出して、例外として天の軍勢に加えたのである。

05　冥界の川としてはコキュートス、レテ、スチュクス、プレゲトンなどもあり、入り口もまたいくつかある。たいていは深い洞穴が冥界への入り口とされている。そのうちどこを通るかによって、冥界の川も異なってくる。カロンもアケロンではなくコキュートスにいるとされることもある。

06　辺獄は洗礼をうけずに死んだものがゆくところである。

07　「わたしを墓の闇のなかでなぐさめてくれたおまえ」とネルヴァルはソンネ「廃嫡者」でうたった。

08　竜宮すなわちドラゴンのパレスが水底にあるという神話は世界的にはあまり多くない。水の王、水の精霊はどこにでもいて、壮麗な館を構えているが、それを「ドラゴン」に関係した名前でよぶことはまれである。フランスのローヌ河にドラックという水の妖怪がすんでいて、地上の女をさらってゆくが、そのドラックの館を竜宮といっていいかどうか疑問である。西洋のドラゴンは、このドラック以外はおおむね山中の洞穴にすむ。

09　「見るな」というのは足を見るなというのが多い。見ると鵞鳥の足である。

10　ネルヴァルのソンネ「廃嫡者」に「わたしはアケロン川を二度渡った」という詩句がある。二度とは往復をあらわすという説と、ここでは狂気をあらわすので、二度狂気の発作を起こして、あやうく廃人になるところだったという意味だという説とがある。

11　この世に「もうひとつの世界」があるように、死の国にも「もう一つの」死の国があって、それが日本では黄泉の国と区別される「根の国」である。しかし『古事記』では、単に根の国とはいわず、「根の堅洲国」という。これが根の国の言いかえなのか、別なものなのかは議論があるところだが、オオナムチが行ったのは根の国のなかのスサノオの住んでいるところで、これを根の堅洲国というと理解したい。竜宮も竜宮城という建造物で、竜宮界という茫漠たる地帯ではない。根の国は第二の死の領域で、そのなかにスサノオの城がある。それが根の堅洲国である。

12　この意味では根の国は煉獄に近いともいえる。

13　玉手箱は玉櫛笥ともいう。櫛の箱というなら、三輪山説話で蛇神がはいっていた箱も思い出される。それをあけると蛇神は天にのぼってしまうのである。これは「天若彦物語」に出てくる櫃をも思わせる。それをあけると、天へのぼった天若彦はもう戻ってこれないのである。あけてはいけない箱だから、もうすこし寸法を大きくすれば、「あかずの間」にもなる。「鶯の里」ではそこにはいっていたのは鶯がうたいためた千部経であった。いずれもあけなければ、この世とあの世、あるいは別世界との交通が可能なのである。そこにおさめられていたのは「時間」であるかもしれない。この世と別世界には別な時間が流れている。この箱はその異時間を調節する箱で、ちがう電圧を調節するトランスのようなものとも考えられる。

14　『オーレリア』冒頭部分、「夢はもう一つの人生である。見えない世界を隔てる象牙または角の扉をふるえずにはあけられなかった。眠りの最初の瞬間は死のイメージである。神経の麻痺が思考をとらえる。自我がもう一つの形で存在の技をつづけてゆく正確な瞬間をきわめることはできない。それは茫漠たる地下ですこしずつ明るんできて、闇と夜とから辺獄に住むじっと身じろぎもしない青ざめた人影が浮かび上がってくる。やがて画面がはっきりしてきて、新たな明るさがそれらの奇妙なまぼろしをてらしだし、動きをあたえる。霊の世界がひらけるのだ」。夢は別世界であり、霊の世界だといっているのである。

15　ギリシャではエレボスという概念もあった。光のささない闇の国である。タルタロスには果物がなっていて、タンタロスはそれをとろうとする。果物が実るということは花が咲き、葉が茂っているということである。光がささなかったら果物は実らない。

16　覗いてはいけない黄泉の国を彼は櫛の歯を欠いて火をともして見た。しかしなぜ櫛なのか、櫛の歯の灯でどれだけのものが見えるのか疑問である。櫛には呪力があり、髪くしけずる幽霊もあとのほうで出てくるが、それは女で、イザナキがなぜ櫛をもっていたのかはわからない。

17　ネルヴァルは『オーレリア』で、「夢の世界には太陽はでない」といっている。

18　高天原は天界ではなく、山のうえの高原である。それも水田耕作ができるのだから、本当の高山地帯ではない。

19　日本の昔話の「隠れ里」では「四方四季」の座敷があり、ふすまをひとつあけると季節がひとつ巡り、全部あけると一年が経っている。

20 不老不死の神話では、「竹取物語」がある。かぐや姫は月世界へ旅立つ前に不老不死の薬を天皇にあたえる。天皇はそれを不慈の山のいただきで燃やす。

21 かなりいいかげんな裁定である。美少年アドニスをアプロディテーとペルセポネが争ったときも同じような裁定をした。しかしそうであるなら、アドニスは死んでも復活するはずだった。事実アドニスの復活が祝われるのである。アドニスは三日間死んでいたが、それがペルセポネの取り分であったとすると、その三日は三か月でもよかったかもしれない。

22 これは春一面に花開くギリシャの風土に合わせた神話である。夏の期間が短い北欧や、年中灼熱の太陽が出ているアフリカでは違った神話が語られる。

23 ゼウスはアンピトリオンが戦に出ている間に、アンピトリオンの扮装をしてアルクメネのもとを訪れ、これと交わった。

24 ヘスペリデスの園は西の果てにあるが、ヘラクレスはまず東の果てに行って、カフカス山にしばられていたプロメテウスを解放する。ついでロドス島を経て、アトラスが空をささえているところへ行って、自分が一時肩代わりするので、そのあいだにヘスペリデスのリンゴを取ってきてほしいと頼んだ。アトラスはヘスペリデスの父親であるといわれる。

25 このリンゴの木はラドンという蛇が護っている。異説では、ヘラクレスはラドンを殺している。

26 北欧にも「若さのリンゴ」があった。北欧にくらべれば、はるかに気候温暖なギリシャで、どちらかというと寒い地方の果実であるリンゴが神話に出てきて、もっとはなやかな花をつける桃などが出てこないのは不思議な感じもするが、洋の東西を問わず、神話時代は桃は渋い原生種しかなく、白桃やネクタリンのような果汁のゆたかなものは時代を下って、育種が進まなければできなかった（有岡利幸『桃』法政大学出版局　二〇一二年）。

27 ペイリトリオスはペルセポネを妃にしようとして、テセウスをかたらって、ともに冥界へくだったのである。冥界の入り口はヘラクレスの場合と同じタイナロンの洞穴だった。彼らはハデスに真正面からぶつかって、ペルセポネを要求した。ハデスは忘却の椅子に彼らを座らせて、そのまま放置した。二人の侵入者は椅子から立ち上がれなかった。

28 振り返って見ることの禁忌は聖書その他にもある。ソドムとゴモラが破壊されたとき、振り返って見てはいけなかったが、禁にそむいたものは塩の柱になった。

29 この世に一人で戻ったオルペウスは、以後、女という女に目もくれず、ひとり竪琴をひいていた。それを見てバッコスの信女たちバッカントが憤慨して彼を八つ裂きにして殺してしまった。

30 これはゼウスの娘のアンティオペではなくアマゾンの女王ヒッポリュテの姉妹の方である。テセウスとの間にヒッポリュトスを産んだ。

31　似た椅子で、ヘーパイストスがヘーラーに送った椅子がある。これに腰掛けると二度と立ち上がれない椅子である。ヘーパイストスはヘーラーによってオリュンポスから地上のレムノス島へ落とされた恨みがあったのである。

32　テセウスが入り込んで無事抜け出してきたクレタの迷宮も一つの異界だったが、イアソンが金羊毛をとりにいった黒海の東岸のコルキスもギリシャ世界では異界だった。金羊毛をまもるドラゴンを制御して冒険に成功したのは、コルキスの王女メデアの援助によるものだった。が、イアソンはメデアにはそのときだけのいい加減な話をしていて、ギリシャに帰るとその地の王女と平然と結婚することにした。テセウスがアリアドネを利用して捨てたように、イアソンもメデアを利用して捨てたのだ。

33　ナーガとガルーダの抗争において、ガルーダは不死の霊薬アムリタをとってくるが、ナーガにそれを沐浴してから飲むように告げた。ナーガが沐浴している間にインドラがアムリタを取り戻してしまった。

34　ユグドラシルは一本の木ではなく、根や枝が広がって、それぞれの先に巨人たちの国ヨートゥンヘイム、炎の国ムスペルヘイムなどが派生している。

35　浦島伝説では竜宮の門には、あめふりと昴らがいる。海底というより天空のようである。

36　この竜宮に山幸がどれくらい滞在していたかが問題で、幸せな日々をおくっていたが、そのうちなくした釣り針のことを思いだして悲しい顔をする。それをトヨタマヒメがみて訳を聞いて、魚を集めて、釣り針を見つけだすのだが、そこに到るまで、ふつうの異郷逗留譚では数日以上が経っていて、地上ではそれが何年にも相当するはずである。

37　竜宮あるいは妖精の城が病も死も貧苦も知らない歓楽の里であるという観念に対して、そこにも危難が待ち構えていて、鬼や怪物が襲ってくるということは、日本の竜宮観では往々にして忘れられているが、作帝建も俵藤太も強弓をもって怪物を退治して竜宮の危難を救うのである。彼らのような英雄が登場しなければ、竜宮は滅びていたかもしれない。なお、作帝建は、父親である唐の皇帝に認知してもらおうとして唐にむかう途中、進まなくなった船の上で一種の人身御供となって海中に遺棄されるのである。彼が退治した怪物は狐だった。俵藤太の場合は大ムカデである。

38　死霊の浄化については、五來重《ごらいしげる》は墓にまつられる死霊が、寺にまつられる祖霊になり、神社でまつられる神霊になると言っている（『熊野詣』）。

39　オオナムチは最初、八十神がイノシシといつわって、山の上から真っ赤に焼けた岩を投げ落としたときそれを抱きとめさせられて全身にやけどを負って死ぬ。次には八十神は木を裂いて、そのなかにオオナムチがはいったところをくさびを抜いて絞殺した。

40 根の世界には果物は実らない。上の方なら花が咲き、ミツバチが飛んできて受粉し、果物になるが、地下の闇の国だったら光がささないので、木も茂らず、花も咲かない。

41 中国の幽霊が生者を招待したときは、ミミズや蝦蟇ガエルを食べさせる（澤田瑞穂『鬼趣談義』）。

42 逃げるときに生き太刀、生き弓矢、天の沼琴を取って、眠っているスサノオの髪を垂木に結わえ付けて逃げる。そのとき琴が戸口にふれて音を立て、スサノオが目をさます。この話は世界の昔話では「悪魔の宝」（AT 三二八）として分類されている話で、少年が悪魔のところから、太陽と月と不思議なヴァイオリンをとって逃げてくるときに、悪魔の髪を垂木に結わえ、それでもヴァイオリンが戸口にぶつかって音を立てて、悪魔が目をさまして追いかけてくるというスサノオと全く同じ話になっている。

43 スサノオが天界へのぼっていったのも異界行のひとつである。彼はすさまじい勢いで山々を轟かしてのぼっていった。そして天安川のほとりでアマテラスと会うのだが、これは、臨死体験などで、川のほとりで近親者、あるいは超越者と出会うところに相当する。そしてアマテラスの作っている水田の畔をこわしたり、天の機屋に斑駒の皮ないし、皮を剝いだ馬自体を投げこむなどの乱暴狼藉をはたらいて神々の怒りをかって、根の国に追放されるのだが、これは「天人女房」を追って天界へのぼった男が試練に失敗して地上へ追い返されるのと同じ構造である。

44 谷川健一は青の島を第一次的他界、ニライカナイを第二次的他界とよんでいる。

45 建物が全体で一つの人格を構成している。しかし屋根裏にはネズミが走りまわり、あるいは狂人が閉じこめられている。床下は無意識に相当する。

46 フランスの伝承では川底のドラック（竜人）のすまいは日がさなくて冷たい死の国である。風土によって水底の世界の価値が逆転する。水底では雨が降らない、風が吹かない、直射日光の暑さもないという場合と、冷たい青ざめた世界だという場合がある。

47 アエネウス（アイネアス）はクメエの預言者シビルの導きでアヴェルノ湖のほとりから洞穴を通ってコキュートスの岸へ行った。そこを渡し守に渡してもらって、冥府へ行った。冥府では地獄をのぞいたあとエリュシオンの野へゆき、アエネウスの父親アンキセスに会った（『世界神話事典』による。前出の多田智満子の『夢の神話学』では女預言者シビュラの導きで冥界へ下るとなっている）。

48 死者の国へゆくのに体に呪文を書いてもらうというのは、死霊に引きこまれないように全身に経文を書いてもらった耳なし芳一の場合の逆だが、異界へゆくにしろ、異界からきた霊に会うにしろ、危難除けの呪文を体に書いておくというのは同じである。あるいは呪符を戸口に張っておくと死霊が入ってこれないという場合もある。

49　異界の記憶は地上の人と話したり、接吻したりすると消え去る。国際話型番号AT 三一三のモチーフである。

50　マニトゥは超自然力をあらわす概念。

51　この世に戻るときに「忘却の川」を渡ることもあるが、地上の家族と接吻をするとそれまでいた異界のことを忘れてしまうこともある。貧しい村から近代都市へ出稼ぎにでたものもしばらくすると里帰りしたくなり、故郷へ帰ると都会の記憶は消えてしまう。

52　このような骸骨と生きた姿、昼と夜の交代はほかの国でもみられるが、昼と夜が逆になる場合もある。幽霊の世界ではこの世の逆だとするなら、昼は骨になって寝ていて、夜になると生きた姿で活動を始めるともみられる。

53　モーパッサン『水の上』では、川舟が水死者の死体に引っかかって、その上で一夜をすごす。川面に靄がたれこめて、冥府にいるような雰囲気になる。朝になって、ほかの舟の助けをかりて錨をあげると死体があがってくる。この主人公も異界で一夜をすごしたのだ。

54　死者の国では「見るな」「ふれるな」の禁が課されることが多い。同様の禁が、地上へ戻ったときも課される。両世界の間の交通は肉体の接触なしに魂のレベルでおこなわれているからである。

55　スサノオは埴土で舟をつくって日本にやってきた。土のカヌーも石のカヌーも理論的には不可能ではないが、実際にはありえないもので、異界ではこの世の反対のものが使われていることの例である。

56　この娘が逃げてきた影の国は死の国の控えの間のようなところで、この世の地続きで、追い返されなくとも逃げてこれるところである。しかしそこへ行っていた期間は神隠しのようなものと理解されるだろう。

57　国際話型番号AT 四〇〇と四二五。「いなくなった配偶者をさがす話」。古典では「アモールとプシュケ」である。四〇〇の方は、「鹿になった王女」などで、鹿王女に接吻すると魔法がとけて、王女が人間に戻るが、魔法使いから完全に自由になったわけではなく、三日間は彼女の姿を夜の間見てはいけなかった。その禁忌にそむくと魔法使いが王女をさらってゆく。王子はそのあと、鉄の靴を七足はきつぶすような艱難辛苦の旅に出て、王女が別な男と婚礼をあげようとしているところにようやくたどりつく。この地の果てへの旅をルクトゥは異界への旅とみなしている。しかし異界は妖精の森から始まっていた。

58　ヨーロッパの歴史時代にはシャーマニズムがあった形跡はないが、先史時代にさかのぼればわからない。それに歴史時代でもサバトへ行く女たちの飛行幻覚をシャーマニズムの名残だといえばいえなくもない。

59　石でふさがれた死者の国の入り口のモチーフは、日本の千曳の岩だけではない。死者の国へは一度は行けるが、二度は行けないのである。

60 日本のようにワニや魚に乗って故郷へ帰るというモチーフは世界では少ない。大きな鳥の背中に乗って帰るのはよくあるが、海の底の場合は舟で帰ることが多い。

61 フランスのブルターニュの伝承が『イギリスの民話』に収められているのは奇妙だが、ブリテン文化圏ということなのだろう。ケルト人は初めブルターニュに定着し、後にローマ人に追われてアイルランドやイングランドに渡ったが、そこでもサクソン人などに追われて、ブルターニュに戻っていた。

62 仙女の国とは妖精の国であろう。死者の国、影の国、星の世界などに対し、仙女の国は女人国である。不老不死の国だから死者や骸骨もいない。

63 竜宮にも敵が攻めてくるのと同じで、仙女の国にも戦争がある。ホビットの国にも戦争はあった。アルカディアにも死があったように、戦争はどこにでもある。

64 ここではネズミの浄土に逗留した話にはならないが、ネズミ穴が地下の浄土であることはあきらかで、昔話でも地蔵浄土のタイプでは浄土に逗留することはないが、理論的にはこれをもうひとつの竜宮譚としてみることも可能である。竜宮譚も亀との婚姻であれば異類婚で、ネズミとの婚姻も「ネズミの草紙」などでは可能である。あるいは地下の動物の世界に逗留して長い年月を経過したように思う話では『今昔物語集』にある良藤が縁の下の狐の国に行っていた話も思い出される。これも広くいって異界への旅なのである。芥川龍之介が語る「河童」の国も熊笹の間の穴から落ち込んだ地下世界である。

65 異界としての妖精の国はフランスの中世説話に頻出する。たいていは森の奥にひそむ城だが、最後に騎士をさらってゆくのは川の向こうの妖精の国である。「ランヴァル」でも「ギンガモール」でも妖精と出会ったのは森の奥の城だが、最後にゆくのは川向うの妖精の国である。森の中の城は川向うの妖精の国の出先のようなものだった。これらの物語では白い鹿などがあらわれて主人公を妖精の泉へ導く。そこはしかし出会いの場でしかなく、妖精との本当の愛がつむがれるのは、城の中のようだが、結末はそこも本来の妖精の国へ導くための階梯でしかなかったことがわかる。

66 ネズミを馬にして馬車を仕立てるのは「シンデレラ」である。北欧では猫がフレイヤの馬車を引く。

67 村上春樹の『世界の終わりとハードボイルド・ワンダーランド』にもネズミの跳梁する地下世界が出てくる。

68 死の国とこの世のあいだにエルフランドがあるという民間信仰の話はほかでも紹介しているが、教会の神父や牧師はそのようなものの存在を否定する。ここでも妖精の国がもうひとつの死の国であることがあきらかで、この世とはへだたった異界である。

69 「黄金のリンゴ」は一般に王宮に生えていて、金の鳥がとりにくる。それを王子が矢をいかけて傷つけるが、鳥は血をたらしながら逃げてゆく。血のあとをたどってゆくと地下の世界にたどりつく。その国の王女が矢傷を負って苦しんでいる。それを王子が治してやり、地上へ送りだす。地上では王子の兄弟が金の鳥王女をみて手柄をひとりじめしようと地下へゆく縄を切ってしまう。地下に残された王子は苦労をして地上へ戻り、王女と一緒になるというように語られる。

70 エルカンはアルレッキーノから出た言葉で、メニは群れだから、地獄の道化師たちの群れという意味である。夜中に地獄の楽師たちが騒々しい音を立てて騒ぎまわる。

71 王妃より美しい妖精女王をつれてこないといけないというのはフランスの中世説話によくある話である。

72 危険なベッドとは、そのうえで寝ていると夜中に刀がふってきたりするベッドである。

73 妖精物語では妖精の飛び衣を奪って同棲を強要する場合と、妖精がみずからあらわれて嫁になる「狐女房」などの場合、そしてこちらから妖精国へ赴いて「竜宮」の婿になる場合とがあり、そのうちあとの二つをロランス・アルフ＝ランクネールは「メリュジーヌ型」と「モルガン型」と分けている。

74 槐の木の下で眠り込むと、某国で宰相の地位にまでのぼりつめた夢をみた。目覚めてみて槐の木の下を掘るとアリの王国があった。

75 ミャオ族の伝承では牛を犠牲にする。鮭の大助などだと牛を殺してそのなかにはいっていると鷲がきてさらってゆく。

76 鏡花の『龍潭譚』の場合は山中で迷っていたところを「美しい」女人に救われて、山中の部落に保護されていたので、神隠しにはあたらない。

77 「竜宮童子」は柴刈りの男が焚き木の柴を切って町へもってゆくが、売れ残ったものを村はずれの橋のところで川に投げている（あるいは山のなかの洞穴につめこむ）。するとあるとき竜宮の乙姫が子供を抱いてあらわれ、いつも焚き木をもらっていてありがたい。今日はそのお礼にこの子をつれてきた。この子はなんでも願い事をかなえてくれる如意童子だという。その鼻たれ小僧を家へつれて帰ると確かになんでも願い事をかなえてくれるが、最後にもういいというと、すっと鼻をすすって、それまでに出した屋敷や財産を吸い込んでどこかへいってしまう。この子供がどこから来たのか、誰の子かというのが不明だが、ほかの竜宮訪問譚と比較すれば、竜宮へ招かれて、乙姫とねんごろになり、そのうち子供ができたものと考えることも不可能ではない。異郷でのもてなしには美味佳肴だけではなく、性的歓待もあるのがふつうであるからである。

78 とくに「沼神の手紙」を異郷譚としているのは疑問である。とある沼のほとりで、女神が水底から出てくるのにあって、ほかの沼にすんでいる女神へあてた手紙をあずかる。手紙にはこの男をとって食うようにと書いてある。ヨーロッパの場合、天国への手紙をもってゆく男が旅の途中、いろいろ不思議な光景を見て、そのなぞ解きをするというモチーフも付加され、天国にたどりついて、質問への答えをもらって帰ってくるので、これは異郷への旅の話とみなされる。

79　浦島伝説は丹後の国風土記逸文では浦島子が舟で五色の亀をつりあげて、眠っていると亀が上臈に変じ、蓬莱山へ招く。二人は蓬莱で幸せな生活を三年おくるが、浦島子は故郷へ帰りたくなる。故郷へ帰ると三〇〇年が経っていたことがわかり、途方に暮れて玉手箱をあける。すると箱からは一条の煙が出て、それとともに浦島子の体も消え去る。異本では、浦島子が鶴になって、亀姫とともに夫婦の明神となる。亀ではなくハマグリの場合もある。

80　狼の前足を切り落としたら人間の腕が落ちていたので、これは古狼ではなく鬼女である。鬼の場合、猫の妖怪である場合、狼である場合がある。

81　ルネ・ゲノン『神聖学の象徴』(René Guénon, *Symboles de la Science sacrée*, Gallimard, 1962)。

82　死んだ夫と交わって子を受胎するというのは冥婚譚においては珍しくないが、夫の男根がなくなっていて、粘土で義肢のようなものをつくったというのは珍しい。

83　アルテミスが獰猛なイノシシをカリュドンに放った。メレアグロスはそれを退治するようギリシャ中の勇士によびかけ、イノシシをしとめたものにその皮を与えることにした。獲物にはじめて矢をいかけたものは女勇士アタランテだった。メレアグロスはそれを賞してアタランテにイノシシの皮を与えたが、メレアグロスの叔父たちがそれに反対した。女にはその資格がないというのである。そこで争いになって、メレアグロスは二人の叔父、あるいはそのうちのひとりを殺してしまった。

84　アドニスはミュラが父親と交わってできた子供だが、ミュラはそれを恥じて、ミルラの木になることを願った。ミルラの木からアドニスが生まれ落ちたとき、あまりに美しかったので、アプロディテーとペルセポネが取り合いをし、ゼウスの仲裁で年の三分の二をアプロディテーが、残りをペルセポネが取ることになった。ということは年の三分の一は冥府ですごすはずだが、神話はそのようには語っていない。そもそもペルセポネがハデスに奪われたとき、年の三分の一を冥府ですごすように裁定されたのである。であれば、ペルセポネの冥府滞在とアドニスの滞在の期間は同じになる。

85　立花の本では穴へ落ち込む感覚が報告されている。

86　タチアオイは rose trémière といい、死のかなたのバラという意味である。

87　二人連れの幽霊というのは珍しい。幽霊はふつう独りきりのさびしい姿であらわれる。独りでさみしいので、人を取り殺して仲間にするのである。

88　レオン・セリエが『口を利く死者』で、亡霊の出現の理由を妄執、愛欲、復讐などとあげていたが、亡霊の出現ではなく、それを見る側の動機としては、追憶と悔恨があるだろう。

89　たいていの城に地下牢があるが、これをフランス語ではoubliette といい、忘れられた場所という意味である。いったんここへ放り込まれると、人々から忘れられて、飢え死にする以外にない。古い城を取り壊すときに、地下牢をあけると、たいてい、ひからびたミイラか、白骨死体かが発見される。

90　庭から掘り出したヴィーナス像の指にたわむれに指輪をはめると抜けなくなる。そしてそのまま、いいなづけと婚礼をあげる。その初夜の間に青銅のヴィーナスがやってきて、花婿を抱きしめ、彼を圧し殺す。

91　このあたり仙厓の「瓢鮎図」を思わせられる。ちなみにこの瓢箪はなかのくびれた日本型の瓢箪ではなく、丸い瓢箪だろう。

92　メリュジーヌは蛇身を見られて飛び去ったが、幼い子供に乳をやりに夜な夜な戻ってきた。

93　昔話では「夫婦の運」で、木の陰に雨宿りをしていると辻の神や木の神が相談している。それを聞くと、自分がこれこれの福分をもった女と一緒になることになっている。そこでその女（実は生まれたばかりの赤ん坊）をさがしあてて、のどをついて厄介払いしたものと思って帰ってくる。そのあと十数年経ってある娘と結婚するとのどに刀傷があり、問い詰めるとかつて殺そうとした女であることがわかる。

94　亭主が漁に出ている間に海坊主がやってきて、幼子をさして「子をくれい」という。若妻は必死になって幼子を抱きしめていたが、気が付くと幼子は窒息死していた。

95　モーパッサンの幻想作の代表は『ル・オルラ』である。ここでは目に見えない異星人に付きまとわれるという設定、あるいは主人公の思い込みだが、異星人というのを異界の住人とすれば幽霊である。姿の見えない霊で、寝ている間に枕元の水がからになっている。あるいは本を読んでいるとページが見えない手でめくられ、肩ごしに誰かが読んでいる気配がする。最後はこの幽霊を退治するために館に鍵をかけて、火をつける。目に見えない霊がうろつく恐怖は『山小屋』などでも描かれる。

96　ローレライも「髪くしけずる女」である。かつまた、ラインの岸から身を投げた女の霊である。

97　シャルル・ノディエ　一七八〇～一八四四。フランスの幻想作家。『パンくずの妖精』、『スマラ』、『トリルビー』ほか。

98　テオフィル・ゴーチエ　一八一一～七二。フランスの詩人、小説家。『モーパン嬢』など。

99　正確にはミイラではなくポンペイの遺跡からでた足型である。

100　ジェラール・プレヴォ　一九二一～七五。ベルギーの幻想作家。

101　トマ・オーエン　一九一〇～二〇〇二。ベルギーの幻想作家。

102　翌朝、目覚めると隣に寝ていたのは白骨の死体だったという話もある。

103　ジャン・レイ　一八八七～一九六四。ベルギーの幻想作家。

104　ポトツキの作になる幻想作品。冒頭部に骸骨と寝る話がある。ロス・ヘルマノスの谷に絞首台があって、有名な盗賊のゾト兄弟がつるされている。その近くに宿屋があり、そこで酒を飲んでいると美しい女があらわれて交歓する。夜になってふたりは床を共にした。しかし朝になってみると、そこは絞首台の下で、共寝をした相手は絞首台につるされていた骸骨だった。骸骨が絞首台からおりてきて、美しい女に化けて主人公を誘惑したのである。

105　異類婚姻譚の相手は狐、鶴、蛙などの動物のほかに河童、あるいは鬼がある。

106　境界としての橋に出る霊としては宇治の橋姫がある。男を奪った女を取り殺そうとして、水に二一日浸かって鬼になった女である。死んではいないので幽霊ではない。

107　これについては一九九七年の比較神話学シンポジウム「荒猟師の東西」でも述べた。

108　本書では常世について、またまれびとについては取り扱わなかった。また大国主が治める幽世についても対象とはしなかった。

109　ほかにモール・ヴィヴァン（生ける死者）というのもある。またオンブル（影）ともいう。

参考文献

テクスト

アイルランドの民話　大沢正佳・大沢薫訳　青土社　一九九四
アジアの民話　大日本絵画巧芸美術　全一五巻　一九八〇
アメリカ・インディアンの神話　金関寿夫・迫村裕子訳　大修館書店　一九八九
アメリカ先住民の神話伝説　松浦俊輔ほか訳　青土社　一九九七
アラブの民話　久保儀明訳　青土社　一九九五
エスキモーの民話　松田幸雄訳　青土社　一九九五
エッダ・グレティルのサガ　松谷健二訳　筑摩書房　一九八六
江戸怪談集　岩波書店　一九八九
初版グリム童話集　吉原高志・吉原素子訳　白水社　一九九七
今昔物語集　日本古典文學大系二二〜二六　岩波書店　一九五九〜一九六三
スウェーデンの民話　米原まり子訳　青土社　一九九六
世界神話伝説体系　名著普及会　全四二巻　一九七九〜八一
世界の伝説三　山・森　ぎょうせい　一九八〇
世界の民話　ぎょうせい　一九七七〜
チェコスロバキアの民話　大竹国弘訳編　恒文社　一九八〇
チベットの死者の書　川崎信定訳　筑摩書房　一九八九

東欧の民話　恒文社　全一〇巻　一九八〇

唐代伝奇集　前野直彬編訳　平凡社　一九六四

日本伝説大系　みずうみ書房　全一七巻　一九八二～九〇

日本の伝説　講談社　一九七五

日本の民話　未来社　全四三巻　一九七八

日本霊異記　日本古典文學大系七〇　岩波書店　一九六七

ブルガリアの民話　真木三三子訳編　恒文社　一九八〇

ユダヤの民話　秦剛平訳　青土社　一九九七

ルーマニアの民話　直野敦・住谷春也共訳編　恒文社　一九八〇

ジェレマイア・カーティン／安達正・先川暢郎訳　アイルランドの神話と民話　彩流社　二〇〇四

金奉鉉　朝鮮の伝説　国書刊行会　一九七六

金奉鉉　朝鮮の民話　国書刊行会　一九七六

ジョルジュ・サンド／篠田知和基訳　フランス田園伝説集　岩波書店　一九八八

杉田栄明　桃花源とユートピア　平凡社　一九八九

関敬吾　日本昔話大成　角川書店　一九七八～八〇

松枝到　異国への旅、彼岸への旅　平凡社　一九八九

松谷みよ子　現代民話考：あの世へ行った話・死の話・生まれかわり　立風書房　一九八六

研究書

浅見徹　玉手箱と打ち出の小槌　中央公論社　一九八三

阿部謹也　西洋中世の罪と罰　弘文堂　一九八九

阿部正路　日本の幽霊たち　日貿出版社　一九七二

阿部正路　怨念の日本文化　角川書店　一九九五

池田弥三郎　日本の幽霊　中央公論社　一九五九

今野円輔　日本怪談集　中央公論社　二〇〇四

今野円輔　怪談　社会思想社　一九五二

井本英一　死と再生　人文書院　一九八二

薄井益雄　霊魂の博物誌　河出書房新社　一九八二

大島直行　月と蛇と縄文人　寿郎社　二〇一四

折口信夫　精霊と霊魂と　全集ノート編七　中央公論社　一九七一

折口信夫　古代研究　全集二　中央公論社　一九六五

勝俣隆　異郷訪問譚・来訪譚の研究　和泉書院　二〇〇九

川村湊　言霊と他界　講談社　一九九〇

栗原成郎　ロシア異界幻想　岩波書店　二〇〇二

呉茂一　ギリシア神話　新潮社　一九七九

小松和彦　神々の精神史　伝統と現代社　一九七八

小松和彦　神隠し　弘文堂　一九九一

小松和彦ほか　伝承と文学下　ものがたり日本列島に生きた人たち七　岩波書店　二〇〇一

小松和彦ほか　怪異の民俗学：幽霊　河出書房新社　二〇〇一

五來重　熊野詣　講談社　二〇〇四

西郷信綱　古代人と死　平凡社　一九九九

佐藤正英　古事記神話を読む　青土社　二〇一一

澤田瑞穂　鬼趣談義　平河出版社　一九九〇
澤田瑞穂　地獄変　修訂　平河出版社　一九九一
篠田知和基編　異界と常世　楽瑯書院　二〇一三
高岡弘幸　幽霊：近世都市がうみだした化物　吉川弘文館　二〇一六
竹田晃　中国の幽霊　東京大学出版会　一九八〇
立花隆　臨死体験　文藝春秋　一九九四
立川昭二　臨死のまなざし　新潮社　一九九三
谷川健一　常世論　著作集八　三一書房　一九八八
谷川健一　魂の還る処　アーツアンドクラフツ　二〇一三
筒井功　村の奇譚里の遺風　河出書房新社　二〇一八
豊島修　死の国熊野　講談社　一九九二
土居光知　神話・伝説の研究　岩波書店　一九七三
内藤正敏　民俗の発見四　法政大学出版局　二〇〇九
日本民話の会　世界の魔女と幽霊　三弥井書店　一九九九
樋口淳　妖怪・神・異郷　悠書館　二〇一五
広末保　悪場所の発想　三省堂　一九七〇
増山暁子　イタリア異界物語　東洋書林　二〇〇六
町田宗鳳　エロスの国熊野　法蔵館　一九九六
宮田登　都市空間の怪異　角川書店　二〇〇一
宮田登ほか　往生考　小学館　二〇〇〇
村松剛　死の日本文学史　角川書店　一九八一
森瀬繚　ケルト神話　SBクリエイティヴ　二〇一四
柳田国男　妖怪談義　定本柳田国男集四　一九六八
柳田国男　先祖の話　定本柳田国男集一〇　筑摩書房　一九六九
フィリップ・アリエス／福井憲彦訳　死の文化史　日本エディタースクール出版部　一九九〇
ピーター・アンダーウッド／南條竹則訳　英国幽霊案内　メディアファクトリー　二〇一〇
シャーン・エヴァンス／田口未和訳　英国の幽霊伝説　原書房　二〇一五
マイケル・ジョーダン／松浦俊輔ほか訳　世界の神話：主題別事典　青土社　一九九六
ミシェル・パノフほか／大林太良・宇野公一郎訳　無文字民族の神話　白水社　一九八五
Claude Lecouteux, *Elle mangeait son linceul*, José Corti, 2006
Claude Lecouteux, *La mort, l'au-delà et les autres mondes*, Imago, 2019
Paul Sebillot, *Le Folklore de France*, Imago, 1982

事典

大林太良ほか編　世界神話事典　角川書店　一九九四
篠田知和基・丸山顯徳編　世界神話伝説大事典　勉誠出版　二〇一六
大林太良ほか編　日本神話事典　大和書房　一九九七
マイケル・グラントほか／西田実訳主幹　ギリシア・ローマ神話事典　大修館書店　一九八八

著者紹介

篠田知和基（しのだ ちわき）

1943年東京生まれ。パリ第8大学文学博士。名古屋大学教授ほかを歴任。比較神話学研究組織GRMC主宰。

著書：『幻影の城－ネルヴァルの世界』（思潮社）、『ネルヴァルの生涯と作品－失われた祝祭』（牧神社）、『土手の大浪－百閒の怪異』（コーベブックス）、『人狼変身譚』（大修館書店）、『竜蛇神と機織姫』（人文書院）、『日本文化の基本形○△□』『世界神話伝説大事典』〔共編〕『世界神話入門』『フランスの神話と伝承』（勉誠出版）、『空と海の神話学』『魔女と鬼神の神話学』『光と闇の神話学』（楽瑯書院）、『世界動物神話』『世界植物神話』『世界鳥類神話』『世界昆虫神話』『世界魚類神話』『世界風土神話』『愛の神話学』『ヨーロッパの形－螺旋の文化史』（八坂書房）、ほか多数。

訳書：ジョルジュ・サンド『フランス田園伝説集』（岩波文庫）、ジャン・レー『新カンタベリー物語』（創元推理文庫）、ジェラール・ド・ネルヴァル『東方の旅』（国書刊行会）、ジェラール・ド・ネルヴァル『オーレリア』『火の娘たち』『ローレライ』（思潮社）、ほか多数。

世界異界神話

2021年 12月10日　初版第1刷発行

著　　者　篠田知和基
発 行 者　八坂立人
印刷・製本　シナノ書籍印刷（株）

発 行 所　（株）八坂書房
〒101-0064 東京都千代田区神田猿楽町1-4-11
TEL.03-3293-7975 FAX.03-3293-7977
URL: http://www.yasakashobo.co.jp

ISBN 978-4-89694-294-1